曰

𦥑

周易

초판 1쇄 발행 2022년 2월 22일

지은이 조범서
펴낸이 장길수
펴낸곳 지식과감성#
출판등록 제2012-000081호

교정 정은지
디자인 이건영
편집 이건영, 정윤솔
검수 김혜련, 윤혜성
마케팅 고은빛, 정연우

주소 서울시 금천구 벚꽃로298 대륭포스트타워6차 1212호
전화 070-4651-3730~4
팩스 070-4325-7006
이메일 ksbookup@naver.com
홈페이지 www.knsbookup.com

ISBN 979-11-392-0315-8(03140)
값 13,000원

- 이 책의 판권은 지은이에게 있습니다.
- 이 책 내용의 전부 또는 일부를 재사용하려면 반드시 지은이의 서면 동의를 받아야 합니다.
- 잘못된 책은 구입하신 곳에서 바꾸어 드립니다.

지식과감성#
홈페이지 바로가기

주

역

周易

조범서 解釋

· 利涉大川이섭대천의 의미는? "순조로이 이나라 수도를 옮겨야 한다."
· 乾건괘의 주제는? "큰비가 내려 군자가 홍수를 근심하다."
· 謙겸괘는 돌아가신 군자를 추모하며 공경하고 있다.
· 旅여괘의 주인공은 나그네가 아닌 5백 명 군대이다.
· 渙환괘는 수도를 옮기는 생생한 기록이다.

차례

上經상경

1. 乾건 - 큰비가 내려 군자가 홍수를 근심하다 ... 10
2. 坤곤 - 허물이 없고 자랑할 일도 없다 ... 17
3. 屯준 - 혼인예식 행렬이 이별하여 떠나가다 ... 23
4. 蒙몽 - 어린 왕이 나라를 다스리다 ... 29
5. 需수 - 수도를 옮길 후보지를 물색하다 ... 34
6. 訟송 - 나라를 다스림에 뚜렷한 성취가 없다 ... 40
7. 師사 - 군대가 출정하여 전사자가 발생하다 ... 45
8. 比비 - 여러 제후국을 잘 다스리다 ... 50
9. 小畜소축 - 귀부인이 수레를 타고 지나가다 ... 54
10. 履이 - 종이호랑이의 꼬리를 밟다 ... 58
11. 泰태 - 가서 돌아오지 않는 것은 없다 ... 63
12. 否비 - 순조로이 군자를 보필하며 나랏일을 하다 ... 68
13. 同人동인 - 군사훈련을 마치고 입성을 준비하다 ... 73
14. 大有대유 - 먼 길을 가서 천자께 제사 지내다 ... 78
15. 謙겸 - 군자가 돌아가시니 장례의식을 거행하다 ... 83
16. 豫예 - 즐겁기만 바란다면 오래도록 후회할 것이다 ... 88
17. 隨수 - 죄인을 붙잡아 감옥에 가두다 ... 92

18. 蠱고 - 아버지의 부정한 과오를 바로잡다 … 96
19. 臨임 - 지극히 임해야 허물이 없으리라 … 100
20. 觀관 - 여러 제후국이 예물을 바치며 조회하러 오다 … 104
21. 噬嗑서합 - 죄인에게 참혹한 형벌을 집행하다 … 108
22. 賁비 - 신부는 아름답고 신랑은 흠치르르하다 … 113
23. 剝박 - 띠집을 두드려 지붕을 이다 … 118
24. 復복 - 7일째에 다시 돌아오다 … 123
25. 无妄무망 - 밭을 갈지 않으면 수확하지 못한다 … 127
26. 大畜대축 - 말과 소, 돼지를 키우다 … 131
27. 頤이 - 걸출한 관상가가 출현하다 … 136
28. 大過대과 - 용마루가 위로 솟아야 길하다 … 142
29. 坎감 - 감옥 속의 감옥으로 또 들어가다 … 146
30. 離이 - 황혼에 장군을 두드리며 노래하다 … 150

下經하경

31. 咸함 - 남녀가 사랑하다 … 156
32. 恆항 - 부인의 덕을 한결같이 지키다 … 160
33. 遯둔 - 돼지가 경사스럽게 무럭무럭 자라다 … 164
34. 大壯대장 - 물러날 수 없고 나아갈 수도 없다 … 169
35. 晉진 - 말에 올라 성읍을 정벌하다 … 173
36. 明夷명이 - 겨울 사냥을 나가 괴수를 사로잡다 … 178
37. 家人가인 - 부유한 식읍이니 크게 길하다 … 183
38. 睽규 - 말 도둑을 잡아 코를 베는 형벌에 처하다 … 187
39. 蹇건 - 어렵게 가서 자랑스럽게 돌아오다 … 192
40. 解해 - 사냥을 나가 많은 짐승을 잡아 와 풀어놓다 … 196
41. 損손 - 이미 지난 일은 빨리 지나가게 하라 … 200
42. 益익 - 순조로이 이나라 수도를 옮겨야 한다 … 205
43. 夬쾌 - 전쟁 상황이 급박하여 군자가 친히 군대를 지휘하다 … 210
44. 姤후 - 소박한 예물로 혼인예식을 올리다 … 215
45. 萃췌 - 은나라 유민이 주나라 백성으로 동화하다 … 220
46. 升승 - 왕이 제물을 올려 기산에 제사 지내다 … 225
47. 困곤 - 불안하고 위태로워 후회하며 괴로워하다 … 229
48. 井정 - 성읍을 건설하고 우물을 완공하다 … 234

49. 革혁 - 황소 가죽으로 단단히 묶다   239
50. 鼎정 - 옥으로 만든 솥귀고리가 크게 길하다   243
51. 震진 - 우렛소리가 두려워도 웃으며 이야기하다   247
52. 艮간 - 죄인을 뒤쫓아 마침내 붙잡다   251
53. 漸점 - 큰기러기가 육지로 날아가다   256
54. 歸妹귀매 - 광주리에 과일이 없고 양을 잡았으나 고기가 없다   261
55. 豊풍 - 대낮에 개기일식이 일어나다   266
56. 旅여 - 군대가 주둔하며 민폐를 끼치다   271
57. 巽손 - 나아갈 것인가 물러설 것인가   276
58. 兌태 - 서로 화합하여 기뻐하다   280
59. 渙환 - 순조로이 수도를 옮기다   283
60. 節절 - 편안하고 즐겁게 절제하니 길하다   287
61. 中孚중부 - 벗과 함께 밤새 즐기다   290
62. 小過소과 - 군자가 부족하면 신하가 옳아야 한다   295
63. 旣濟기제 - 강을 건너며 수레가 물에 젖다   299
64. 未濟미제 - 아직 강을 건너지 못하다   303

후기   307
주요 중복 출전 찾아보기   310
참고 서적   313

상경
上經

1. 乾건
큰비가 내려 군자가 홍수를 근심하다

[괘] 元亨利貞
　　　원 형 이 정

크게 제사 지내고 음복했다.
순조로이 점을 쳐 천지신명께 물었다.

元: 클 원, 으뜸 원
亨: 1. 형통할 형
　　 2. 드릴 향
　　 3. 享과 같은 자
利: 이로울 이, 옳을 이
貞: 점칠 정

享: 제사 향, 흠향할 향
제사: 신령이나 죽은 사람의 넋에게 음식을 바치어 정성을 나타냄. 또는
　　　그런 의식
흠향하다: 神明신명이 제물을 받아서 먹다.
神明신명: 천지의 神靈신령

1. 乾건

神靈신령: 신으로 받들어지는 영혼 또는 자연물
제물: 1. 제사에 쓰는 음식물
    2. 제사 지낼 때 바치는 물건이나 짐승 따위
음복: 제사 지내고 난 뒤 제사에 쓴 음식을 나누어 먹음
천지신명: 천지의 조화를 주재하는 온갖 신령

> ** 利이는 중국어의 順利순리로 새긴다.
>   順利: 事物的發展或工作的進行中沒有或很少遇到困難
>   (상무인서관 현대한어사전 제7판), 순조롭다는 뜻이다.
>
> ** 元원: 크게
>
> ** 亨형: 제사 지내고 음복하다.
>
> ** 利이: 순조로이, 순조롭게, 예를 갖추어, 예법에 따라
>
> ** 貞정: 점을 쳐 천지신명께 묻다.
>
> ** 元亨利貞원형이정의 핵심은 亨형과 貞정으로 제사와 점이다. 제사는 신령이나 죽은 사람의 넋에게 음식을 바치어 정성을 나타내는 의식이며, 음복을 포함한다. 점은 앞날의 운수 길흉 따위를 미리 판단하는 일이다.

[초]　潛龍勿用
　　　　잠 룡 물 용

감추어진 물길은 쓸 수 없다.

> *비가 내려 땅속으로 스며들었고 강우량이 부족하여 농사에 쓸 수 없다.

潛: 잠길 잠, 감출 잠
龍룡: 물길, 수로

[이]　見龍在田 利見大人
　　　　견 룡 재 전　이 견 대 인

물길이 들판에 보인다. 예를 갖추어 대인을 만났다.

> *비가 흡족하게 많이 와 들판과 논밭의 수로에 물이 흘러간다. 예를 갖추어 치수를 관장하는 관서의 우두머리인 대인을 만나 치수 대책을 논의했다.

田: 밭 전, 땅 전, 사냥할 전

1. 乾건

[삼] **君子終日乾乾 夕惕若厲无咎**
　　　군 자 종 일 건 건　석 척 약 여 무 구

군자가 종일 굳세고 저녁에 또 근심하니 위태롭지만 허물이 없다.

> *군자가 친히 하루 종일 수로를 점검하고 농사에 피해가 없도록 제방을 쌓고 보수하는 일을 쉼 없이 보살피고, 저녁에는 홍수가 날까 매우 근심하였다. 위태롭지만 허물이 없다.

乾: 굳셀 건, 조심하는 모양 건

惕: 근심할 척, 두려워할 척

厲: 위태할 여

위태하다: 어떤 형세가 마음을 놓을 수 없을 만큼 위험하다.

위태롭다: 어떤 형세가 마음을 놓을 수 없을 만큼 위험한 듯하다.

咎: 허물 구

허물: 1. 잘못 저지른 실수

　　　 2. 남에게 비웃음을 살 만한 거리

> **서경 금문상서 禹貢우공 편에 禹우가 치수 사업을 완성하여 천하의 물길을 다스린 내용이 나온다. 유사 이래 치수는 군자에게 영원한 과제였다.

[사] **或躍在淵 无咎**
　　　혹 약 재 연　무 구

혹 깊은 물에서 뛰어오르기도 하니 허물이 없다.

> * 많이 내린 비로 수심이 깊은 곳에 물고기가 많아져 수면 위로 뛰어오르기도 한다. 허물이 없다.

躍: 뛸 약
淵: 깊을 연

[오] **飛龍在天 利見大人**
　　　비 룡 재 천　이 견 대 인

날아가는 용이 하늘에 있다.
예를 갖추어 대인을 만났다.

> * 오늘은 며칠 만에 날씨가 개어 맑은 하늘에 기다란 구름이 흘러갔다. 구름은 하늘 높이 날아가는 용의 모습이다. 치수 대책을 의논하기 위해 예를 갖추어 치수를 관장하는 관서의 우두머리인 대인을 또 만났다.

飛: 날 비

1. 乾건

[상]　**亢龍有悔**
　　　　항 룡 유 회

용과 겨루는 일은 후회가 남는다.

> * 큰비가 내릴 때 수로를 관리하고 홍수를 막는 일은 매우 어려워 항상 후회가 남는다.

亢: 겨룰 항
悔: 한할 회, 뉘우칠 회

[용]　**見群龍 无首吉**
　　　　견 군 룡　무 수 길

여러 용이 있으나 우두머리가 없으니 길하다.

> * 이번에 내린 비로 하천에 물이 크게 불었고 여러 곳에 물길이 새로 생겼지만, 다행히 홍수 피해를 크게 입은 곳은 없으니 길하다.

群龍군룡: 홍수로 생긴 여러 개의 물길
首수: 큰 홍수 피해, 강의 범람

*** 1.乾건괘는
[괘] 크게 제사 지내고 음복했다. 순조로이 점을 쳐 천지신명께 물었다.
[초] 비가 내려 땅속으로 스며들었고 강우량이 부족하여 농사에 쓸 수 없다.
[이] 비가 흡족하게 많이 와 들판과 논밭의 수로에 물이 흘러간다. 예를 갖추어 치수를 관장하는 관서의 우두머리인 대인을 만나 치수 대책을 논의했다.
[삼] 군자가 친히 수로를 점검하고, 저녁에는 홍수가 날까 매우 근심하였다.
[사] 많이 내린 비로 수심이 깊은 곳에 물고기가 많아져 수면 위로 뛰어오르기도 한다.
[오] 며칠 만에 날씨가 개어 맑은 하늘에 기다란 구름이 흘러갔다.
[상] 큰비가 내릴 때 수로를 관리하고 홍수를 막는 일은 매우 어려워 항상 후회가 남는다.
[용] 다행히 홍수 피해를 크게 입은 곳은 없으니 길하다.

2. 坤곤
허물이 없고 자랑할 일도 없다

☷

[괘] 元亨 利牝馬之貞 君子有攸往
　　　원형　이빈마지정　군자유유왕

先迷後得 主利 西南得朋
선미후득　주리　서남득붕

東北喪朋 安貞吉
동북상붕　안정길

크게 제사 지내고 음복했다. 순조로이 어미말에 대해 점을 쳐 천지신명께 물었다. 군자는 계획대로 나라를 잘 다스렸다. 처음에 길을 잃은 듯하였으나, 나중에 얻은 것이 많았다. 결론적으로 순조로웠다. 나랏일은 서남 지방에서 재물을 얻고 동북 지방에서 재물을 잃었다. 이나라의 안녕에 대해 점을 쳐 천지신명께 물으니 길하다.

牝: 암컷 빈

> ** 往왕은 주역에서 해석이 어려운 글자 중에 하나이다. 두인 변에 주인 주主이다.
> 두인 변은 두 사람 > 여러 사람 > 많은 사람으로 의미 확장이 가능하다. 主주는 임금 왕 위에 강조의 의미로 점을 찍은 글자로 여러 사람이 중앙에 있는 왕에 머리를 조아리며 복종하는 모습이다. 이 때문에 가던 길을 계속 가다, 하던 일을 계속하다, 예정에 있는 일처리를 하다, 평시에 나랏일을 처리하다, 현상을 유지하다, 그대로 그냥 두다, 평화롭다 등으로 의미 확장이 가능하다.

> ** 征정은 往왕과 대비되는 글자이다. 두인 변에 바를 정正이다. 여러 사람이 바르게 일처리를 하다, 잘못된 일을 적극적으로 바로잡다, 적을 정벌征伐하다, 개혁하다, 비상시에 나랏일을 처리하다 등으로 의미 확장이 가능하다.

[초] 履霜 堅冰至
이 상 견 빙 지

서리를 밟으니, 곧 굳은 얼음이 어는 겨울이 다가오리라.

> * 일어나서 마당에 나서니 오늘 아침 기온이 뚝 떨어져 서리가 밟힌다. 계절은 어느덧 늦가을이다. 곧 굳은 얼음이 어는 겨울이 다가오리라.

履: 밟을 리(이)
霜: 서리 상

2. 坤곤

[이] **直方大 不習无不利**
　　　직 방 대　불 습 무 불 리

곧고 바르고 크다. 거듭 말할 필요 없이 순조롭지 않은 것이 없다.

> * 괘상의 모양은 여섯 효가 곧고 바르고 크다. 거듭 말할
>   필요 없이 모든 것이 순조로이 진행되고 있다.

習: 거듭 습

[삼] **含章 可貞 或從王事 无成 有終**
　　　함 장　가 정　혹 종 왕 사　무 성　유 종

상황을 종합적으로 판단하여 그 미래를 알기 위해 점을 쳐 천지신명께 물었다. 왕을 보필하며 나라를 다스리는 일에 뚜렷한 성취가 없다 할지라도 좋은 결과가 있으리라.

含함: 머금다, 품다, 싸다, 담다
章장: 사항을 이루고 글을 이루다, 크게 나누다

> ** 44.姤후괘 오효에 含章함장이 보인다.

[사] **括囊 无咎无譽**
　　　　괄　낭　무　구　무　예

자루를 묶으니 허물이 없고 자랑할 일도 없다.

> *관청의 모든 물품에 재고조사를 끝내고 자루에 넣어 입구를 봉했다. 나랏일을 제대로 처리하여 해야 할 일을 했으므로 허물이 없고 자랑할 일도 없다.

譽: 기릴 예, 칭찬할 예, 가상히 여길 예

> **28.大過대과 오효에 无咎无譽무구무예가 보인다.

[오] **黃裳 元吉**
　　　　황　상　원　길

황색 예복이니 크게 길하다.

> *군자가 상으로 황색 예복을 하사하였다. 크게 길한 일이다.

裳: 치마 상

> **裳상을 파자하면 尙(높일 상, 귀히 여길 상)과 衣(옷 의)이므로 상으로 받은 귀한 옷, 예복으로 새긴다.

2. 坤곤

[상]　**龍戰于野　其血玄黃**
　　　　용 전 우 야　기 혈 현 황

용이 野야에서 싸우니 그 빛이 검고 누렇다.

> *오늘 흐린 날씨가 돌변하여 회오리바람이 거세게 일어 野야에서 낙엽이 바람에 감겨 하늘로 올라가는 기이한 현상이 일어났다. 하늘로 감겨 올라가는 그 회오리바람의 색깔이 검고 누런색이어서 마치 두 마리 용이 싸우는 듯 하였다.

血: 물들여 광채 낼 혈, 물들일 혈

> **성읍의 바깥이 郊교이며 교의 바깥이 野야이다.

[용]　**利永貞**
　　　　이 영 정

순조로이 이나라의 먼 미래에 대해 점을 쳐 천지신명께 물었다.

*** 2. 坤곤괘는
[괘] 크게 제사 지내고 음복했다. 순조로이 어미말에 대해 점을 쳐 천지신명께 물었다. 군자는 계획대로 나라를 잘 다스렸다. 처음에 길을 잃은 듯하였으나, 나중에 얻은 것이 많았다. 결론적으로 순조로웠다. 나랏일은 서남 지방에서 재물을 얻고 동북 지방에서 재물을 잃었다. 이나라의 안녕에 대해 점을 쳐 천지신명께 물으니 길하다.

[초] 서리를 밟으니, 곧 굳은 얼음이 어는 겨울이 다가오리라.

[이] 괘상의 모양은 여섯 효가 곧고 바르고 크다. 거듭 말할 필요 없이 모든 것이 순조로이 진행되고 있다.

[삼] 상황을 종합적으로 판단하여 그 미래를 알기 위해 점을 쳐 천지신명께 물었다. 왕을 보필하며 나라를 다스리는 일에 뚜렷한 성취가 없다 할지라도 좋은 결과가 있으리라.

[사] 관청의 모든 물품에 재고조사를 끝내고 자루에 넣어 입구를 봉했다. 나랏일을 제대로 처리하여 해야 할 일을 했으므로 허물이 없고 자랑할 일도 없다.

[오] 군자가 상으로 황색 예복을 하사하였다. 크게 길한 일이다.

[상] 오늘 흐린 날씨가 돌변하여 회오리바람이 거세게 일어 野야에서 낙엽이 바람에 감겨 하늘로 올라가는 기이한 현상이 일어났다. 하늘로 감겨 올라가는 그 회오리바람의 색깔이 검고 누런색이어서 마치 두 마리 용이 싸우는 듯하였다.

[용] 순조로이 이나라의 먼 미래에 대해 점을 쳐 천지신명께 물었다.

3. 屯준
혼인예식 행렬이 이별하여 떠나가다

☷☳

[괘] **元亨 利貞 勿用有攸往 利建侯**
원 형　이 정　물 용 유 유 왕　이 건 후

크게 제사 지내고 음복했다. 순조로이 점을 쳐 천지신명께 물었다. 원래 하고자 했던 바대로 진행되지 않았으나, 논공행상을 하여 순조로이 제후를 봉했다.

建: 세울 건
侯: 제후 후

> ** 괘사는 여섯 효사를 기록하고 난 후 중요 사항을 강조하거나 요약한 것이다. 괘사와 효사를 기록한 순서는 효사가 먼저이고 괘사가 나중이다.
> 연례행사인 논공행상과 제후를 봉하는 나랏일을 기록한 것이다.

[초]　　磐桓 利居貞 利建侯
　　　　　반 환　이 거 정　이 건 후

새로 생긴 성읍의 명칭을 정하고 너럭바위와 표목으로 성읍의 경계와 이름을 표시했다. 순조로이 이나라 백성의 삶에 대해 점을 쳐 천지신명께 물었다. 논공행상을 하여 순조로이 제후를 봉했다.

磐: 너럭바위 반
桓: 표목 환

> ** 명령을 전달하는 인마를 번갈아 발송하기 위하여 적당한 거리를 두고 郵亭우정을 설치하였고 標木표목을 세워 성읍의 이름을 표시했다. 그 표목이 桓환이다.

[이]　　屯如邅如 乘馬班如 匪寇婚媾
　　　　 준 여 전 여　승 마 반 여　비 구 혼 구

　　　　女子貞不字 十年乃字
　　　　여 자 정 부 자　십 년 내 자

머뭇거리며 나아가지 못하다가 마침내 수레와 말이 이별하고 떠나갔다. 예물이 매우 많은 혼인예식은 아니었다. 혼인한 여자에 대해 아이를 낳을 수 있을 것인가 아이를 낳지 못할 것인가, 아이를 낳는다면 앞으로 몇 년 동안 출산이 가능한지 점을 쳐 천지신명께 물으니, 아이를 낳을 것이고 앞으로 10년간 아이를 잘 낳을 것이다.

3. 屯준

屯: 머뭇거릴 준
迍: 머뭇거리는 모양 전, 길이 험하여 잘 가지 못하는 모양 전
乘: 수레 승
班: 이별할 반
匪: 아닐 비
寇: 물건 많을 구
婚: 혼인할 혼
媾: 거듭 혼인할 구

> ** 字자는 家가의 갓머리 아래 아들 자子가 있는 모양이므로 아이를 낳다, 로 새긴다.

> ** 字자(아이를 낳을 수 있을 것인가), 不字부자(아이를 낳지 못할 것인가) 두 경우를 다 점을 쳐 천지신명께 물었다.

[삼] **即鹿无虞 惟入于林中**
      즉 록 무 우   유 입 우 림 중

君子幾不如舍 往吝
군 자 기 불 여 사   왕 린

사슴을 쫓아 안심하고 숲속으로 들어가 군자가 위태로웠는데 쫓아 가지 않은 편만 못했다. 사슴을 쫓아간 것이 잘못이었다.

即: 나아갈 즉
虞: 근심할 우

幾: 위태할 기

舍: 놓을 사

吝: 한할(恨) 린

> **** 詩經**시경 **魯頌**노송 **閟宮**비궁
> **無貳無虞 上帝臨女** 무이무우 상제임녀
> 두 마음 먹지 말고 근심하지 마라. 상제께서 그대들 위에 임해 계시도다.

> **** 无虞**무우는 근심 없이 > 안심하고, 로 새긴다.

[사] **乘馬班如 求婚媾 往吉 无不利**
　　　승 마 반 여　구 혼 구　왕 길　무 불 리

수레와 말이 이별하여 떠나갔다. 혼인예식은 끝났다. 혼인예식이 예정대로 잘 진행되었으니 길하다. 순조롭지 않은 것이 없다.

> * 수레와 말이 이별하여 떠나갔다. 혼인예식은 끝났다. 혼인예식이 예정대로 잘 진행되었으니 매우 길하다. 모든 것이 순조로이 마무리되었다.

求: 끝, 종말終末

3. 屯준

[오]　**屯其膏　小貞吉　大貞凶**
　　　　준 기 고　　소 정 길　　대 정 흉

머뭇거리며 제사에 사용할 돼지고기를 빨리 결정하지 못했다. 작은 덩어리 돼지고기와 큰 덩어리 돼지고기 두 덩어리를 놓고 작은 덩어리 돼지고기를 제사에 사용해도 될지 점을 쳐 천지신명께 물으니 길하다. 큰 덩어리 돼지고기를 제사에 사용해도 될지 점을 쳐 천지신명께 물으니 흉하다.

膏: 살진 고기 고, 돼지기름 고

> ** 膏고는 돼지고기로 새긴다. 제사에 제물로 사용할 돼지고기이다.

[상]　**乘馬班如　泣血漣如**
　　　　승 마 반 여　읍 혈 련 여

수레와 말이 이별하여 떠나갔다. 눈물을 흘리며 아쉬워하고 또 눈물을 줄줄 흘렸다.

> * 혼인예식을 마친 신부가 일가친척과 이별하고 떠나갔다. 모두 눈물을 줄줄 흘리며 이별을 아쉬워했다.

泣: 눈물 줄줄 흐를 읍
血: 근심스런 빛 혈
漣: 눈물 줄줄 흘리는 모양 련

** 마치 詩經시경의 한 구절과 같다. 시적으로 對句대구를 이루어 韻律운율을 맞춘 것이다.
班반과 漣련이 押韻압운이다.

** 屯준괘는 특이하다.
괘사와 초효, 삼효, 오효 즉 홀수효가 나랏일에 대한 것이고, 이효, 사효, 육효 즉 짝수효가 혼인예식을 기록한 것이다.
죽간이나 목간에 기록한 애초의 원본이 훗날 순서가 바뀌어 편집되었음이 분명하다.
또한, 다른 괘사나 효사에서 한 구절 내에 전혀 관련이 없는 내용이 있는 것이 종종 있는데, 목간이나 죽간에 먼저 기록하여 일차 완성한 이후에 나중에 첨가하였거나 하루의 일기로서 여러 사항을 함께 기록한 것이다.

*** 3. 屯준괘는
[괘] 크게 제사 지내고 음복함. 순조로이 점을 쳐 천지신명께 물었음. 원래 하고자 했던 바대로 진행되지 않았으나, 논공행상을 하여 순조로이 제후를 봉함.
[초] 성읍의 경계를 표시하고 제후를 봉함.
[삼] 사슴을 쫓아 숲으로 들어간 군자가 위태로웠음.
[오] 제사에 사용할 돼지고기를 결정함.
[이] 혼인예식 행렬이 떠나감.
[사] 혼인예식이 끝남.
[상] 혼인예식 행렬이 떠나갈 때 눈물을 흘림.

4. 蒙몽
어린 왕이 나라를 다스리다

☷☶

[괘] 亨 匪我求童蒙 童蒙求我 初筮告
　　형　비아구동몽　동몽구아　초서고

再三瀆 瀆則不告 利貞
재 삼 독　독 즉 불 고　이 정

제사 지내고 음복했다.
내가 童蒙동몽을 찾아간 것이 아니고, 童蒙동몽이 나를 찾아왔다.
첫 번째 점의 결과를 말해 주었고, 두 번째 세 번째 점을 거듭 쳤으나 거듭 친 점의 결과는 말해 주지 않았다.
순조로이 점을 쳐 천지신명께 물었다.

筮: 蓍草시초로 점칠 서
瀆: 흐릴 독, 어지러울 독, 거듭 독

> ** 我아는 점을 치는 관리이고, 童蒙동몽은 어린 성왕으로 해석한다.

> ** 利貞이정은 도치이다. 利貞 初筮告 再三瀆 瀆則不告
> 이정 초서고 재삼독 독즉불고로 새겨야 한다.

[초] 發蒙 利用刑人 用說桎梏 以往吝
발 몽 이 용 형 인 용 탈 질 곡 이 왕 린

어린이가 드러난다.
순조로이 감옥에 갇힌 죄인을 다스리며 차꼬와 수갑을 채우고 풀어
주는 일을 이대로 시행한다면 큰 잘못이다.

刑人형인: 감옥에 갇힌 죄인
說: 벗을 탈
桎: 차꼬 질. 죄인을 가두어 둘 때 쓰던 刑具형구. 두 개의 기다란 나무토
막을 맞대어 그 사이에 구멍을 파서 죄인의 두 발목을 넣고 자물쇠
를 채우게 되어 있다.
梏: 수갑 곡. 죄인의 행동이 자유롭지 못하도록 양쪽 손목에 걸쳐서 채
우는 형구

> ** 蒙몽은 어린 성왕이다. 성왕이 어린 나이에 즉위한 것이다.

> ** 說탈은 脫탈과 통한다. 통한다는 말은 그 글자를 서로 바
> 꾸어 쓸 수 있다는 말이다.

> ** 利用刑人 用說桎梏 以往吝 이용형인 용탈질곡 이왕린은 애초에
> 21.噬嗑서합괘 괘사에 기록되어 있었을 것이다. 21.噬
> 嗑서합괘는 감옥과 형벌에 관해 기록한 괘이다.

4. 蒙몽

[이]　**包蒙吉 納婦吉 子克家**
　　　　포 몽 길　납 부 길　자 극 가

어린이를 포용하니 길하다.
부인을 맞아들여야 길하다.
그가 능히 식읍을 받을 만하다.

納: 받아들일 납

克: 능할 극

> ** 家가는 식읍, 채읍, 채지, 봉읍으로 새긴다.

> ** 子자는 어린이지만 식읍을 다스릴 지위에 있는 것이다.

> ** 어린 성왕이 장차 왕비를 맞아들이고 나라를 훌륭히 다스릴 수 있도록 준비하는 것을 기록하고 있다.

[삼]　**勿用取女 見金夫 不有躬 无攸利**
　　　물 용 취 녀　견 금 부　불 유 궁　무 유 리

어린이가 아직 여자를 부인으로 받아들이지 않으며, 金夫금부를 만난다. 몸소 하지 않으니 순조로운 바가 없다.

躬: 몸소할 궁, 자기가 직접 할 궁

> ** 어린 성왕이 왕비를 맞아들일 나이가 되지 않았다.

> ** 金夫(금부)는 지위가 높은 관리 또는 성왕을 도와 정사를 처리하는 주공으로 새긴다. 몸소 직접 하지 않는다는 말은 주공이 섭정하고, '어린 성왕이 나라를 직접 다스리지 않는다는 뜻으로 새긴다.

[사] **困蒙 吝**
  곤 몽 린

어린이가 곤경에 처해 있으니, 위태롭다.

> ** 성왕이 어려움에 처한 것이다.

[오] **童蒙 吉**
  동 몽 길

어린이가 길하다.

> ** 성왕이 어려움에서 벗어난 것이다.

4. 蒙몽

[상] 擊蒙 不利爲寇 利禦寇
격 몽 불 리 위 구 이 어 구

어린이를 지탱하고 있다.
어린이가 너무 많은 나랏일을 맡는 것은 순조롭지 않다.
순조로이 많은 나랏일을 맡지 않는다.

> ** 어린이를 지탱한다는 말은, 아직 주나라 주공이 성왕을 도와 섭정하고 있으며, 성왕이 순조로이 나랏일을 잘 배워 나가고 있다는 뜻이다.

擊: 지탱할 격
禦: 막을 어
寇: 물건 많을 구

> *** 4.蒙몽괘는
> [괘] 내가 童蒙동몽을 찾아간 것이 아니고, 童蒙동몽이 나를 찾아왔다. 첫 번째 점의 결과를 말해 주었고, 두 번째 세 번째 점을 거듭 쳤으나 거듭 친 점의 결과는 말해 주지 않았다.
> [초] 성왕이 즉위하여
> [이] 훌륭한 왕이 되기 위해 준비하며
> [삼] 성왕이 아직 어려 주공이 섭정한다.
> [사] 성왕이 어려움에 처했다.
> [오] 성왕이 어려움에서 벗어났다.
> [상] 성왕이 순조로이 나랏일을 배우고 있어 장차 훌륭한 왕이 될 것이다.

5. 需수
수도를 옮길 후보지를 물색하다

[괘] **有孚 光亨 貞吉 利涉大川**
　　　유 부　광 형　정 길　이 섭 대 천

천지신명이 보살피니 크게 제사 지냈다.
점을 쳐 천지신명께 물으니 길하다.
순조로이 이나라 수도를 옮겨야 한다.

> ** 孚부는 亨형, 貞정과 함께 점복과 제사와 관련이 있다. 점 복과 제사는 모두 천지신명께 미래를 묻거나 천지신명 께 술과 음식을 올리는 일이다. 有孚유부는 '천지신명이 굽어보니, 천지신명이 보살피니' 등으로 새긴다.

> ** 利涉大川이섭대천은 利이를 순조로이. 주도면밀한 계획에 따라, 등으로 해석하고 涉大川섭대천을 수도를 옮기다, 로 새긴다.
> 42.益익괘 괘사 利有攸往 利涉大川이유유왕 이섭대천을 '나 라를 다스리는 일을 하던 대로 잘하며 또한 계획에 따 라 이나라 수도를 옮겨야 한다'로 해석한다. 42.益익괘 사효 中行 告公 從利用爲依遷國 중행 고공 종이용위의천국에서 遷國천국은 수도를 옮긴다는 뜻이다. 國국은 나라가 아니 고 나라의 수도이다.

5. 需수

> ** 주나라 때 나라를 邦방이라 하고, 수도를 國국이라 하였다. 國국이 나라의 뜻으로 쓰이기 시작한 것은 한고조 劉邦유방의 이름을 避諱피휘하게 되면서부터이다.

> ** 주나라 문왕 때 岐山기산에서 豊京풍경으로 수도를 옮겼으며, 무왕이 목야전투에서 승리하여 은나라를 멸한 후 수도를 鎬京호경으로 옮겼다.
> 중국 섬서성 보계시인 기산과 풍경 사이에는 渭河위하가 동서로 굽이쳐 흐르고 있다. 서안에 위치한 풍경과 호경 사이에는 남북으로 흐르는 豊河풍하가 가로막아 흐르고 있다.

[초] **需于郊 利用恆 无咎**
　　　 수 우 교　 이 용 항　 무 구

郊교에 머물렀다. 순조로이 나랏일을 함은 항상 한결같아야 허물이 없다.

> * 郊교 지역을 개발할 계획을 세워야 한다. 이나라 수도를 순조로이 새로 건설하는 계획을 잘 수립하여야 허물이 없을 것이다.

需: 기다릴 수, 머뭇거릴 수

郊: 성 밖 교

> ** 수도를 옮겨 갈 후보지를 물색하고 있다. 사람이 사는 성읍 경계 밖이 郊교이고, 郊교의 바깥은 野야이다.

[이] **需于沙 小有言 終吉**
　　　수 우 사 소 유 언 종 길

모래밭에 머물렀다. 조금 말이 있었으나, 마지막에 좋았다.

> * 모래밭에 머물렀다. 세부적인 문제에 대해 의견 대립이 있었으나, 마지막에 좋았다.

沙: 모래 사

> ** 言언은 논쟁, 의견 대립 등의 뜻으로 새긴다.

[삼] **需于泥 致寇至**
　　　수 우 니 치 구 지

진흙에 빠져 여러 가지 곤란한 장애물에 부딪혔다.

泥: 진흙 니
寇: 물건 많을 구(物盛多물성다, 물건이 성해 매우 많다.)

> ** 需于泥수우니 致寇至치구지는 압운이다. 주역의 많은 구절이 시구와 같다.

> ** 致치는 어떠한 것이 나에게 오는 것이고 至지는 내가 어떠한 것에 다가가는 것이다.

5. 需수

> ** 寇구, 즉 여러 가지 곤란한 장애물은 결과적으로 내가 자초해 불러들인 것이다. 적군이 쉬이 지나가지 못하도록 곳곳에 설치한 덫이나 갈고리 등의 장애물로 새긴다.

[사]　**需于血　出自穴**
　　　　수　우　혈　　출　자　혈

진흙 구덩이에서 나와 피 구덩이 속에 머물렀다.

血: 물들일 혈, 피 칠할 혈

> ** 穴혈은 삼효의 泥니를 가리킨다.

> ** 需于血수우혈 出自穴출자혈은 압운이다.

[오]　**需于酒食　貞吉**
　　　　수　우　주　식　　정　길

술을 마시고 음식을 먹으며 머물렀다.
점을 쳐 천지신명께 물으니 길하다.

> ** 주나라는 제사 지낼 때에만 술을 마시도록 하였다. 오효는 제사 지내고 음복하며 수도를 옮길 장소를 물색하고 이에 대해 점친 것을 기록하고 있다.

> ** 서경 금문상서 酒誥주고 朝夕曰 祀玆酒 惟天降命 肇我 民 惟元祀 조석왈 사자주 유천강명 조아민 유원사
> 아침저녁으로 말하기를, "제사에만 술을 써야 한다. 하늘이 명을 내려 처음 우리 백성에게 술을 만들도록 한 것은, 오직 큰 제사를 지내기 위함이었다."

[상]　入于穴 有不速之客三人來
　　　　입우혈　유불속지객삼인래

敬之 終吉
경지　종길

진흙 구덩이에 들어갔는데, 초청하지 않은 손님 세 사람이 방문하여 공경하며 그들을 맞이했다. 만남의 결과는 좋았다.

速: 부를 속, 초청할 속

> ** 入于穴입우혈은 사효 出自穴출자혈과 연결된다. 사효에서 진흙 구덩이에서 나왔는데, 상효에서 진흙 구덩이에 또 빠졌다.

> ** 不速之客三人불속지객삼인은 42.益익괘 사효 遷國천국 즉 수도를 옮기는 일에 조언을 하거나 재산을 내어놓기 위해 방문한 諸侯제후 또는 巨富거부이다.

> ** 需수괘는 수도를 옮길 후보지를 물색하고 종묘와 관청을 지을 땅을 살펴보기 위해 여러 곳을 둘러본 기록이다.

5. 需수

*** 5.需수괘는
[괘] 순조로이 이나라 수도를 옮겨야 한다.
[초] 郊교에 머물렀다.
[이] 모래밭에 머물렀다.
[삼] 진흙에 빠져 여러 가지 곤란한 장애물에 부딪혔다.
[사] 진흙 구덩이에서 나와 피 구덩이 속에 머물렀다.
[오] 제사 지내고 점을 쳐 새로운 수도에 대해 천지신명께 물으니 길하다.
[상] 진흙 구덩이에 들어갔는데, 초청하지 않은 손님 세 사람이 방문하여 공경하며 그들을 맞이했다. 만남의 결과는 좋았다.

6. 訟송
나라를 다스림에 뚜렷한 성취가 없다

䷅

[괘] 有孚 窒惕中吉 終凶 利見大人
　　　유 부　질 척 중 길　종 흉　이 견 대 인

不利涉大川
불 리 섭 대 천

천지신명이 보살피니 근심을 억누르고 중간에 길했으나 나중에 어려웠다.
예를 갖추어 대인을 만났다.
이나라 수도를 옮기는 일이 순조롭지 않다.

窒: 막을 질, 막힐 질
惕: 근심할 척, 두려워할 척

[초]　不永所事 小有言 終吉
　　　불 영 소 사　소 유 언　종 길

하는 일을 길게 할 수 없으니, 조금 말썽은 있으나 마지막엔 길할 것이다.

6. 訟송

> *이나라 수도를 옮기는 일이 매우 어려우나 길게 끌면서 오래 할 수는 없다. 조금 말썽은 있을 것이나 마지막엔 길할 것이다.

永영: 시간을 오래 끌다
言언: 잘못, 말썽, 과실, 허물

[이] 不克訟 歸而逋 其邑人三百戶无眚
불 극 송 귀 이 포 기 읍 인 삼 백 호 무 생

소송이 끝나지 않았는데 돌아와 숨었다. 그 성읍 삼백호의 사람에게 큰 어려움은 없다.

克: 이길 극, 능할 극
歸: 돌아올 귀, 돌아갈 귀
逋: 도망할 포, 숨을 포
眚: 재앙 생

[삼] 食舊德 貞厲 終吉 或從王事 无成
식 구 덕 정 려 종 길 혹 종 왕 사 무 성

식읍을 잘 다스리는 것이 예로부터 중요한 덕목이다. 점을 쳐 천지신명께 물으니 위태로우나 마지막에 길하다. 왕을 보필하며 나라를 다스리는 일에 뚜렷한 성취가 없다.

德덕: 善美正大光明純懿 선미정대광명순의. 세상에서 더할 나위 없이 좋은 것
懿: 아름다울 의, 클 의

> ** 食식은 식읍으로 새긴다. 식읍은 채지, 채읍, 봉읍이라고도 하며 왕족, 공신, 대신에게 공로에 대한 특별 보상으로 주는 영지였다. 그 지역의 조세를 받게 하였고 대대로 상속되었다.

> ** 或從王事 无成 혹종왕사 무성은 상효와 의미가 연결된다.

[사] 不克訟 復卽命 渝 安貞吉
불 극 송 복 즉 명 투 안 정 길

소송이 끝나지 않았는데 돌아와 어떤 명령을 받으니 이는 예기치 않은 변화이다.
미래의 안녕에 대해 점을 쳐 천지신명께 물으니 길하다.

復: 돌아올 복
渝: 변할 투, 변하여 두려울 투

> ** 이효 不克訟 歸而逋 불극송 귀이포와 사효 不克訟 復卽命 불극송 복즉명을 대구로 볼 수 있다.

6. 訟송

[오]　**訟元吉**
　　　송 원 길

소송이 크게 길하다.

> ** 소송이 원만하게 해결되었으므로 크게 길하다.

[상]　**或錫之鞶帶 終朝三褫之**
　　　혹 석 지 반 대　종 조 삼 체 지

신하에게 공을 치하하여 허리띠를 하사할지라도 왕이 재위기간에 이를 거두어들이는 위기를 세 번은 맞을 것이다.

鞶: 큰 띠 반

錫: 천자가 공로 있는 신하에게 하사하는 아홉 가지 물건 석(賜사로 새긴다)

賜: 줄 사

朝조: 임금의 在位期間재위기간

> **상효는 삼효 或從王事 无成 혹종왕사 무성과 연결된다. 왕을 보필하며 나라를 다스림에 뚜렷한 성취가 없으면 왕이 이전에 하사한 허리띠를 거두어들이는 것이다. 或錫之 鞶帶 或從王事 无成 終朝三褫之 혹석지반대 혹종왕사 무성 종조삼체지가 원래 순서이다.

> ** 초효, 삼효, 상효는 나랏일에 대한 기록이고, 이효, 사효, 오효는 소송에 대한 것이다.

*** 6.訟송괘는
[괘] 이나라 수도를 옮기는 일이 순조롭지 않다.
[초] 하는 일을 길게 할 수 없으니, 조금 말썽은 있으나 마지막엔 길할 것이다.
[삼] 식읍을 잘 다스리는 것이 예로부터 중요한 덕목이다. 점을 쳐 천지신명께 물으니 위태로우나 마지막에 길하다. 왕을 보필하며 나라를 다스리는 일에 뚜렷한 성취가 없다.
[상] 신하에게 공을 치하하여 허리띠를 하사할지라도 왕이 재위기간에 이를 거두어들이는 위기를 세 번은 맞을 것이다.
[이] 소송이 끝나지 않았는데 돌아와 숨었다. 그 성읍 삼백 호의 사람에게 큰 어려움은 없다.
[사] 소송이 끝나지 않았는데 돌아와 어떤 명령을 받으니 이는 예기치 않은 변화이다.
[오] 소송이 크게 길하다.

7. 師사
군대가 출정하여 전사자가 발생하다

䷆

[괘] **貞丈人吉 无咎**
  정 장 인 길 무 구

장인에 대해 점을 쳐 천지신명께 물으니 길하다. 허물이 없다.

> ** 丈人장인은 長老장로에 대한 존칭이다. 장로는 어른이다. 지식과 덕망을 갖춘 큰아들 또는 가장 나이가 많은 사람이다.

> ** 주례 夏官司馬하관사마 軍制군제에 2천5백 명을 師사라 하는데, 우두머리는 中大夫중대부로 임명한다. 5백 명을 旅여라 하는데 旅여가 다섯이 모여 師사가 된다. 참고로 56.旅여괘는 旅여에 대해 기록한 괘이다.
> 다섯 사람이 伍오이고 5伍오가 兩양으로 25명, 4兩양이 卒졸로 백 명, 5卒졸이 旅여로 5백 명이 된다. 5旅여를 師사로 삼아 2천5백 명이 된다.

[초] **師出以律 否臧凶**
  사 출 이 율 부 장 흉

군대의 출정은 반드시 군율에 의해야 하며, 그렇지 않으면 흉함을 안고 있는 것이다.

律: 법 율, 군법 율
否: 아닐 부, 그렇지 않을 부
藏: 감출 장

[이]　**在師中吉 无咎 王三錫命**
　　　　재 사 중 길　무 구　왕 삼 석 명

군대의 중군에 있으니 길하고 허물이 없다.
왕이 세 번 명령을 내렸다.

錫석: 賜(내릴 사)

> ** 師사는 다섯 旅여로 편성되어 있는데, 중군과 전후좌우 모두 다섯 旅여 중에서 지금 師사의 중군인 旅여에 있는 것이다.

[삼]　**師或輿尸 凶**
　　　　사 혹 여 시　흉

군대가 수레에 전사자와 부상자를 싣고 오니 흉하다.

> * 군대가 적군과 전쟁을 하여 전사자와 부상자가 발생하였다. 수레에 전사자와 부상자를 싣고 오니 흉하다.

輿: 수레 여, 실을(載) 여
尸: 주검 시, 시체 시

7. 師사

> ** 尸시는 시체란 뜻이며, 전사자와 부상자로 새긴다.

[사] **師左次 无咎**
　　　　사 좌 차　무 구

무릇 군대는 양지에 주둔해야 허물이 없다.

次: 군사 머무를 차

> ** 고대 음양학에서 左좌는 陽양을 의미하고 右우는 陰음을 의미한다.
> 좌측이 양지이고 우측이 음지이다.

[오] **田有禽 利執言 无咎 長子帥師**
　　　전 유 금　이 집 언　무 구　장 자 솔 사

　　　弟子輿尸 貞凶
　　　제 자 여 시　정 흉

전쟁에서 많은 적을 사로잡아 순조로이 약속을 지키니 허물이 없다.
장자가 군대를 통솔하고, 아우가 전사자와 부상자를 싣고 왔다.
점을 쳐 천지신명께 물으니 흉하다.

執: 지킬(守) 집
帥: 통솔할 솔

> ** 田有禽전유금은 사냥터에서 짐승을 사냥한다는 뜻인데, 전쟁에서 적을 사로잡은 것으로 새긴다.

[상] 大君有命 開國承家 小人勿用
대 군 유 명 개 국 승 가 소 인 물 용

군자가 명을 내려 군대를 위로하여, 나라에 도움이 되고 식읍을 빛냈다고 하였다.
연소자는 해당되지 않는다.

開: 닫힌 것을 틀 개, 啓發계발할 개
承: 이을 승, 도울 승

> ** 大君대군은 乾건괘 삼효에 보이는 君子군자이다.

> ** 國국은 나라의 수도란 뜻이나, 여기서 나라로 해석한다.

> ** 家가는 食邑식읍이다. 식읍은 왕조, 공신, 대신들에게 공로에 대한 특별 보상으로 주는 영지이다. 식읍은 采邑채읍이라고도 한다.

> ** 小人소인은 연소자로 해석한다.

> ** 小人勿用소인물용은 '소인은 논공행상에 해당되지 않는다.'로 새긴다. 小人勿用소인물용은 63.旣濟기제괘 삼효에 보인다.

7. 師사

*** 7.師사괘는
[괘] 장인에 대해 점을 쳐 천지신명께 물으니 길하다.
[초] 군대의 출정은 반드시 군율에 의해야 하며, 그렇지 않으면 흉함을 안고 있는 것이다.
[이] 군대의 중군에 있으니 길하고 허물이 없다. 왕이 세 번 명령을 내렸다.
[삼] 군대가 수레에 전사자와 부상자를 싣고 오니 흉하다.
[사] 무릇 군대는 양지에 주둔해야 허물이 없다.
[오] 전쟁에서 많은 적을 사로잡아 순조로이 약속을 지키니 허물이 없다. 장자가 군대를 통솔하고, 아우가 전사자와 부상자를 싣고 왔다.
[상] 군자가 군대를 위로하여, 나라에 도움이 되고 식읍을 빛냈다고 하였다. 연소자는 해당되지 않는다.

8. 比비
여러 제후국을 잘 다스리다

䷆

[괘] 比吉 原筮元永貞 无咎 不寧方來
　　　비길　원서원영정　무구　　불녕방래

　　　後夫凶
　　　후 부 흉

잘 다스려야 길하다. 들판에서 서죽으로 점을 쳐 먼 미래의 일에 대하여 천지신명께 물으니 허물이 없다.
조회하지 않던 여러 제후국이 조회하러 오니, 나중에 오는 제후국은 흉하리라.

比: 1. 庀와 통함
　　2. 친할 비, 가까울 비
庀: 다스릴(治) 비
原: 언덕 원, 들 원
寧: 편안할 녕
不寧方불녕방: 조회하러 오지 않던 제후국 〉새로 복속된 제후국

8. 比비

> ** 시집간 여자가 부모를 뵈러 오는 것을 寧녕이라 하는데, 여기서 寧녕을 제후국이 주나라에 조회하러 오는 것으로 새긴다.

[초] **有孚 比之 无咎 有孚盈缶**
     유 부 비 지 무 구 유 부 영 부

     終來有它吉
     종 래 유 타 길

천지신명이 보살펴 여러 제후국이 잘 다스려지니 허물이 없다.
천지신명이 보살피니 물 담은 장군을 붓듯이 여러 제후국이 조회하러 오고 모두 그와 같이 되어 길하리라.

盈: 찰 영
缶: 장군 부. 물, 술, 간장 따위의 액체를 담아서 옮길 때에 쓰는 그릇

> ** 有孚유부 盈缶영부는 압운이다.

[이] **比之自內 貞吉**
     비 지 자 내 정 길

나라 안을 모두 잘 다스린다.
점을 쳐 천지신명께 물으니 길하다.

51

[삼]　比之匪人
　　　　비 지 비 인

가깝지 않은 제후를 봉한 제후국을 잘 다스린다.

匪: 아닐 비

[사]　外比之 貞吉
　　　　외 비 지　정 길

변방의 제후국을 잘 다스린다.
점을 쳐 천지신명께 물으니 길하다.

[오]　顯比 王用三驅 失前禽 邑人不誡 吉
　　　　현 비 왕용삼구 실전금 읍인불계 길

잘 다스려지고 있음을 널리 드러낸다.
왕이 사냥을 나가 삼면에서 몰고 눈앞에서 짐승을 놓치더라도 성읍 사람이 경계하지 않으니 길하다.

顯: 나타낼 현, 드러나게 할 현

8. 比비

[상] 比之无首 凶
비 지 무 수 흉

천하가 잘 다스려짐에 우두머리가 없다면 흉하다.

> ** 천하가 잘 다스려지려면 우두머리가 있어야 길하다. 우두머리는 주나라이다.

> *** 8.比비괘는
> [괘] 잘 다스려야 길하다. 조회하지 않던 여러 제후국이 조회하러 오니, 나중에 오는 제후국은 흉하리라.
> [초] 천지신명이 보살펴 여러 제후국이 잘 다스려지니 허물이 없다. 천지신명이 보살피니 물 담은 장군을 붓듯이 여러 제후국이 조회하러 오고 모두 그와 같이 되어 길하리라.
> [이] 나라 안을 모두 잘 다스린다.
> [삼] 가깝지 않은 제후를 봉한 제후국을 잘 다스린다.
> [사] 변방의 제후국을 잘 다스린다.
> [오] 잘 다스려지고 있음을 널리 드러낸다.
> [상] 천하가 잘 다스려짐에 우두머리가 없다면 흉하다.

9. 小畜소축
귀부인이 수레를 타고 지나가다

[괘] 亨 密雲不雨 自我西郊
　　　형　밀운불우　　자아서교

제사 지내고 음복했다.
짙은 구름이 끼었으나 비는 오지 않는다.
나는 서쪽 郊교에 있다.

[초] 復自道 何其咎 吉
　　　복자도　하기구　길

다시 되돌아왔다. 무슨 허물이 있으랴. 길하다.

> ** 24.復복괘 괘사에 反復其道반복기도가 보이는데 復自道복자도와 비슷한 뜻이다. 주역이 음력 윤년 384일의 일기라는 설이 있는데, 여섯 효 6일을 현대의 한 주로 본다면 64괘 64주 동안의 일기이다. 지금 쓰는 말로 바꾸면, "다시 월요일이 돌아왔다"라고 할 수 있다.

9. 小畜소축

[이] **牽復 吉**
　　　　견 복 길

굳건하게 되돌아왔다.

牽: 이끌 견, 당길 견

[삼] **輿說輻 夫妻反目**
　　　여 탈 복　부 처 반 목

수레에 바퀴살이 빠진 것과 같이 부부가 반목하여 같이 살 수 없다.

說: 벗을 탈
輻: 바퀴살 복

[사] **有孚 血去惕出 无咎**
　　　유 부　혈 거 척 출　무 구

천지신명이 보살피니 근심이 없어지고 두려움이 사라져 허물이 없다.

血: 근심스런 빛 혈
惕: 근심할 척, 두려워할 척

> ** 59.渙환괘 상효에 血去혈거가 보인다.

[오]　**有孚攣如 富以其鄰**
　　　　유 부 연 여　부 이 기 린

천지신명이 보살피고 돌아보니 그 이웃 나라보다 더 부강하다.

攣: 맬 연, 생각할 연
鄰: 이웃 린

[상]　**既雨既處 尚德載婦 貞厲 月幾望 君子征凶**
　　　　기 우 기 처　상 덕 재 부　정 려　월 기 망　군 자 정 흉

비가 오다 그친 거리에 귀부인이 수레를 타고 지나간다.
점을 쳐 천지신명께 물으니 위태롭다.
달은 보름이 지나 군자가 정벌하러 간다면 흉하다.

尙: 꾸밀 상, 귀할 상
德덕: 善美正大光明純懿 선미정대광명순의. 세상에서 더할 나위 없이 좋은 것

> ** 既雨既處 기우기처 尙德載婦 상덕재부는 중국어 발음으로 압운이다. 시경의 한 구절을 연상시킨다.
> 　비가 오다 그쳐 맑게 갠 성읍의 번화가에 귀부인이 화려하게 꾸민 수레를 타고 지나간다.

9. 小畜소축

*** 9.小畜소축괘는
[괘] 짙은 구름이 끼었으나 비는 오지 않는다. 나는 서쪽 郊교에 있다.
[초] 다시 되돌아왔다.
[이] 굳건하게 되돌아왔다.
[삼] 수레에 바퀴살이 빠진 것과 같이 부부가 반목하여 같이 살 수 없다.
[사] 근심이 없어지고 두려움이 사라져 허물이 없다.
[오] 천지신명이 보살피고 돌아보니 그 이웃 나라보다 더 부강하다.
[상] 비가 오다 그친 거리에 귀부인이 수레를 타고 지나간다. 점을 쳐 천지신명께 물으니 위태롭다. 달은 보름이 지나 군자가 정벌하러 간다면 흉하다.

10. 履이
종이호랑이의 꼬리를 밟다

[괘]   **履虎尾 不咥人 亨**
　　　　이 호 미　부 절 인　형

호랑이 꼬리를 밟아도 물지 않는다.
제사 지내고 음복했다.

咥: 물 절, 씹을 절

> ** 호랑이 꼬리를 밟았는데, 왜 호랑이가 물지 않을까? 종이호랑이이기 때문이다. 종이호랑이는 사람을 물어 죽일 수 없다. 애꾸눈은 제대로 볼 수 없고, 절름발이는 제대로 길을 갈 수 없다. 괘사와 삼효는 긴밀히 연결된다.

[초]   **素履往 无咎**
　　　　소 리 왕　무 구

흰 비단옷을 입고 길을 간다. 허물이 없다.

素: 흰 빛깔의 비단 소

10. 履이

[이] **履道坦坦 幽人貞吉**
이 도 탄 탄 유 인 정 길

밟아가는 길이 매우 평탄하다.
幽人유인에 대해 점을 쳐 천지신명께 물으니 길하다.

> ** 幽人유인은 어지러운 세상을 피하여 조용한 곳에 숨어 사는 사람인데, 54.歸妹귀매괘 이효에 幽人유인이 보인다.

[삼] **眇能視 跛能履 履虎尾 咥人**
묘 능 시 파 능 리 이 호 미 절 인

凶 武人爲于大君
흉 무 인 위 우 대 군

애꾸눈이 능히 볼 수 있고 절름발이도 능히 길을 간다. 자신이 호랑이인 것처럼 행세하며 꼬리를 밟으면 물어 죽인다고 하는 것은 일개 무인이 군자인 척 행세하는 것처럼 흉하다.

眇: 애꾸눈 묘
跛: 절름발이 파

> ** 애꾸눈이 능히 볼 수가 있다고 하는 것은 사람을 속이는 일이다.
> 절름발이는 제대로 길을 갈 수 없다.
> 종이호랑이는 사람을 물어 죽일 수 없다.

> ** 大君대군은 乾건괘 삼효에 보이는 君子군자이다.

> ** 이효의 幽人유인과 삼효의 武人무인이 대비된다. 유인은 조용한 곳에 숨어 사는 사람이고, 무인은 군자인 척 행세하는 사람이다.

> ** 幽人유인은 벼슬하지 않는 사람, 武人무인은 벼슬자리에 있는 관리 등으로 새길 수 있다.

[사] 履虎尾 愬愬 終吉
이 호 미 색 색 종 길

호랑이 꼬리를 밟았다며 두려워하지만, 마지막엔 길하다.

愬: 두려워할 색, 놀랄 색

> ** 호랑이 꼬리를 밟았다며, 장난으로 두려워하는 척하는 것이다.

> ** 종이호랑이는 사람을 물지 않는다. 종이호랑이 꼬리를 밟는 것은 즐거운 놀이이다. 마치 자신이 호랑이인 것처럼 행동하는 것은 웃음거리일 뿐이다.

> ** 30.離이괘 초효 履錯然 敬之 无咎 이착연 경지 무구와 대구를 이룬다. 30.離이괘 초효는 본래 履이괘 사효에 있었을 것이다.

10. 履이

[오]   **夬履 貞厲**
　　　　쾌 리 　정 려

해어진 옷을 입고 길을 간다.
점을 쳐 천지신명께 물으니, 위태롭다.

夬: 틀 쾌

> ** 夬괘는 옷이나 신발 등이 해어진 것을 말한다.

[상]   **視履考祥 其旋元吉**
　　　　시 리 고 상 　기 선 원 길

앞을 보며 길을 가면서 자세히 살핀다.
돌아가는 길이 크게 길하다.

考: 살필 고
祥: 자세할 상
旋: 돌이킬 선

***10.履이괘는
[괘] 호랑이 꼬리를 밟아도 물지 않는다.
[초] 흰 비단옷을 입고 길을 간다.
[이] 밟아 가는 길이 매우 평탄하다. 幽人유인에 대해 점을 쳐 천지신명께 물으니 길하다.
[삼] 자신이 호랑이인 것처럼 행세하는 것은 일개 武人무인이 군자인 척 행세하는 것처럼 흉하다.
[사] 호랑이 꼬리를 밟았다며, 장난으로 두려워하는 척한다.
[오] 해어진 옷을 입고 길을 간다.
[상] 앞을 보며 길을 가면서 자세히 살핀다. 돌아가는 길이 크게 길하다.

11. 泰태
가서 돌아오지 않는 것은 없다

[괘] **小往大來 吉 亨**
　　　　소 왕 대 래　길　형

작은 것이 가고 큰 것이 왔으니, 길하다.
제사 지내고 음복했다.

[초] **拔茅茹以其彙 征吉**
　　　　발 모 여 이 기 휘　정 길

띠를 뽑아 묶어 모았다. 군대를 출정하는 것이 길하다.

拔: 뽑을 발
茅: 띠 모. 볏과의 여러해살이풀
茹: 서로 연결된 뿌리 여
彙: 무리 휘, 모을 휘

> ** 12.否비괘 초효에 拔茅茹以其彙 발모여이기휘가 보인다.
>
> ** 28.大過대과괘 초효에 茅모가 보이는데, 茅모는 지붕을 이는 재료이다.

[이] **包荒 用馮河 不遐遺朋亡**
　　포황　용빙하　불하유붕망

得尙于中行
　독 상 우 중 행

잡초가 우거진 땅을 지나 하천을 걸어서 건넜다. 무엇을 뒤에 남기거나 재물을 잃어버리지 않았다. 中行중행으로부터 칭찬을 들었다.

包: 초목이 무성할 포
荒: 잡초가 우거진 땅 황
馮: 徒涉도섭할 빙
徒涉도섭: 걸어서 물을 건너다
遐: 멀 하
遺: 남길 유
朋붕: 재물
尙: 귀히 여길 상

> ** 이효는 군대가 이동 중인 것을 표현하고 있다.

> ** 中行중행은 사람 이름이다. 고위관리 또는 군대의 우두머리이다.

> ** 不遐遺朋亡 불하유붕망 得尙于中行 득상우중행은 대구이며, 압운이다.

11. 泰태

[삼] 无平不陂 无往不復 艱貞无咎
　　　무 평 불 피　무 왕 불 복　간 정 무 구

勿恤其孚于食有福
물 휼 기 부 우 식 유 복

평탄하여 기울어지지 않은 것은 없고, 가서 돌아오지 않는 것은 없다.
미래의 어려움에 대해 점을 쳐 천지신명께 물으니 허물이 없다.
근심하지 않고, 식읍을 받은 제후국이 만족하도록 해야 한다.

陂: 비탈 피, 언덕 피
恤: 근심할 휼

> ** 孚부는 제후국으로 새긴다.

> ** 福복은 편안하고 만족한 것을 말한다.

[사] 翩翩 不富以其鄰 不戒以孚
　　　편 편　불 부 이 기 린　불 계 이 부

새가 훨훨 날아간다.
이웃 나라보다 부강하지 않아도 제후국이니 경계하지 않는다.

翩: 빨리 날 편, 날 편
富: 부자 부, 갖추어 있을(備) 부
戒: 경계할 계

> ** 翩翩편편은 새가 훨훨 날아가는 모습으로 원래 12.否비 괘 오효에 있었을 것이다.

[오]　帝乙歸妹 以祉元吉
　　　　제 을 귀 매　이 지 원 길

제을이 딸을 복스럽게 시집보내듯 크게 길하다.

歸: 시집갈 귀
妹: 소녀 매, 여자 매
祉: 福복 지

> ** 은나라 왕 제을은 딸을 주나라 문왕에 시집보냈다.

[상]　城復于隍 勿用師 自邑告命 貞吝
　　　　성 복 우 황　물 용 사　자 읍 고 명　정 린

성이 해자에 무너져 다시 쌓아 원상회복해야 하니 군대를 쓸 수 없다고 어느 성읍에서 고해 알려 왔다.
점을 쳐 천지신명께 물으니 한스럽다.

復: 회복할 복
隍: 해자 황, 성 밖에 둘러 판 물 없는 못 황

11. 泰태

** 43.夬쾌괘 괘사가 揚于王庭 孚號 有厲告自邑 不利即戎 利有攸往 양우왕정 부호 유려고자읍 불리즉융 이유유왕이고, 이효 효사는 惕號 莫夜有戎 勿恤 척호 막야유융 물휼이다. 泰태괘 상효는 원래 43.夬쾌괘 괘사에 있었으나 훗날 편집 과정에서 분리되었을 것이라고 생각한다.

*** 11.泰태괘는
[괘] 작은 것이 가고 큰 것이 왔으니, 길하다.
[초] 띠풀을 뽑아 묶어 모았다. 군대를 출정하는 것이 길하다.
[이] 잡초가 우거진 땅을 지나 하천을 걸어서 건넜다.
[삼] 식읍을 받은 제후국이 만족하도록 해야 한다.
[사] 이웃 나라보다 부강하지 않아도 제후국이니 경계하지 않는다.
[오] 제을이 딸을 복스럽게 시집보내듯 크게 길하다.
[상] 성이 해자에 무너져 다시 쌓아 원상회복해야 하니 군대를 쓸 수 없다고 어느 성읍에서 고해 알려 왔다.

12. 否비
순조로이 군자를 보필하며 나랏일을 하다

[괘] **否之匪人 不利君子 貞 大往小來**
비 지 비 인 불 리 군 자 정 대 왕 소 래

비루하여 사람 같지 않다면 순조로이 군자를 보필하며 나랏일을 함께 할 수 없다.
점을 쳐 천지신명께 물으니 큰 것이 가고 작은 것이 오리라.

> ** 否비는 막히다, 困곤하다(기운이 없이 나른하다), 鄙陋비루하다(행동이나 성질이 너절하고 더럽다), 惡악하다는 뜻이다. 否비괘에서 否비는 비루하다, 로 새겨야 한다.

[초] **拔茅茹以其彙 貞吉 亨**
발 모 여 이 기 휘 정 길 형

띠를 뽑아 묶어 모았다.
점을 쳐 천지신명께 물으니 길하다.
제사 지내고 음복했다.

> ** 11.泰태괘 초효에 拔茅茹以其彙발모여이기휘가 보인다. 茅모는 지붕을 이는 재료이다.

12. 否비

[이]　**包承 小人吉 大人否 亨**
　　　　포　승　소　인　길　대　인　비　형

받드는 태도에서 소인은 길하나 대인은 비루한 것이 된다.
제사 지내고 음복했다.

包: 용납할 포, 취할(取) 포
承: 받들 승

> ** 包포를 태도를 취한다는 뜻으로 해석하여 包承포승을 받
> 드는 태도로 해석한다. 용납하여 받는 것은 윗사람에
> 게 아첨하는 것이다, 소인은 하급 관리이고, 대인은 고
> 급 관리이다.

[삼]　**包羞**
　　　　포　수

두려워하는 태도이다.

> ** 羞수는 부끄러워하다, 수줍어하다, 두려워하다, 겁내다,
> 미워하다, 싫어하다 등의 뜻이다.

> ** 包承포승은 소인이 취하는 받드는 태도이지만, 包羞포수
> 는 대인이 취하는 두려워하는 태도이다.

[사] **有命 无咎 疇離祉**
　　유 명 무 구 주 리 지

명을 받드니 허물이 없다. 누구에게 상을 줄 것인가.

疇: 누구 주
離: 흩어질 이, 분산할 이
祉: 복(福) 지

> ** 전쟁에서 세운 공로를 치하하여 상을 줄 사람을 정해야 한다.

[오] **休否 大人吉 其亡其亡 繫于苞桑**
　　휴 비 대 인 길 기 망 기 망 계 우 포 상

비루한 사람에게 너그러워야 대인이 길하다.
새가 날아가 보이지 않다가 새순 돋은 뽕나무에 내려앉는다.

休: 용서할 휴, 너그러울 휴
吉: 길할 길, 착할 길, 이로울 길
繫: 머무를 계, 맬 계
苞: 밑둥 포, 초목이 날 포
桑: 뽕나무 상

12. 否비

> ** 其亡其亡 기망기망 繫于苞桑 계우포상은 압운이다.
> 시경의 한 구절을 연상케 한다.
> 亡망은 망하다 > 없다 > 보이지 않다, 로
> 繫계는 머무르다 > 내려앉다, 로 그 뜻을 유추한다.

> ** 其亡其亡 기망기망이 否비이고, 繫于苞桑 계우포상이 休휴이다.

> ** 11.泰태괘 사효 翩翩편편은 원래 否비괘 오효에 있어 '翩翩 其亡其亡 繫于苞桑 편편 기망기망 계우포상'이었을 것이다.

[상] 傾否 先否後喜
경 비 선 비 후 희

비루함이 무너진다. 먼저 비루하지만 뒤에 기쁘다.

傾: 기울 경, 무너질 경

喜: 기쁠 희

> ** 비루함이 무너졌으니 비루함이 없어진 것이다.

*** 12.否비괘는
[괘] 비루하여 사람 같지 않다면 순조로이 군자를 보필하며 나랏일을 함께할 수 없다.
[초] 띠를 뽑아 묶어 모았다.
[이] 받드는 태도에서 소인은 길하나 대인은 비루한 것이 된다.
[삼] 두려워하는 태도이다.
[사] 명을 받드니 허물이 없다. 누구에게 상을 줄 것인가.
[오] 비루한 사람에게 너그러워야 대인이 길하다.
　　새가 날아가 보이지 않다가 새순 돋은 뽕나무에 내려 앉는다.
[상] 비루함이 무너진다. 먼저 비루하지만 뒤에 기쁘다.

13. 同人동인
군사훈련을 마치고 입성을 준비하다

[괘]　**同人于野 亨 利涉大川 利君子 貞**
　　　동 인 우 야　형　이 섭 대 천　이 군 자　정

문관과 무관, 군대가 野야에 모여 제사 지내고 음복했다.
순조로이 이나라 수도를 옮겨야 하며, 그것이 군자에게 순조로운 일이다.
점을 쳐 천지신명께 물었다.

> * 문관과 무관, 군대가 野야에 모여 제사 지내고 음복했다. 주도면밀하게 계획하여 이나라 수도를 옮겨야 하며, 그것이 군자의 앞날에 순조로운 일이며, 이나라 천년대업을 위해서 반드시 완수하여야 할 과업이다.
> 점을 쳐 천지신명께 물었다.

> ** 성읍의 바깥이 郊교이고 교의 바깥이 野야이다.

> ** 利涉大川이섭대천 利君子이군자는 두운이며 일종의 대구다.
> 주도면밀하게 계획하여 이나라 수도를 옮기는 것이 군자가 마땅히 해야 할 일이며 그래야 군자의 앞날이 순조로울 것이란 의미이다.
> 은나라는 여러 번 수도를 옮겼으며, 주나라도 문왕 때 기산에서 풍경으로 수도를 옮기고, 무왕 때 풍경에서 호경으로 옮겼으며, 성왕 때에는 주공이 새 수도로 삼기 위해 낙읍을 건설하였다. 수도를 옮기려면 먼 길을 가야 하고 큰 강을 건너야 한다. 그리하여 涉大川섭대천이라는 말을 자주 쓰게 되었다.

[초] **同人于門 无咎**
　　　　동 인 우 문 　 무 구

문관과 무관, 군대가 성문에 모였다.
허물이 없다.

[이] **同人于宗 吝**
　　　　동 인 우 종 　 인

문관과 무관, 군대가 종묘에 모였다. 유감스럽다.

吝: 한할(恨) 린(인)

> ** 宗종은 宗廟종묘다.

13. 同人동인

[삼]　**伏戎于莽 升其高陵 三歲不興**
　　　복 융 우 망　승 기 고 릉　삼 세 불 흥

풀숲에 군사를 매복시키고 높은 언덕에 올랐으니, 이 군사훈련은 지난 3년간 하지 않았던 것이다.

戎: 군사 융
莽: 잡풀 망
陵: 언덕 릉
興: 일 흥, 일어날 흥

[사]　**乘其墉 弗克攻 吉**
　　　승 기 용　불 극 공　길

보루에 기어올라 공격하지 못하니 길하다.

> *적군이 침공하여 보루에 기어올라 공격하지 못할 것이니 길하다.

乘: 오를 승
墉: 보루 용
보루: 적의 침입을 막기 위해 튼튼하게 쌓은 구축물
弗: 아닐 불, 그렇지 않을 불
克: 능할(能) 극

[오] 同人 先號咷而後笑 大師克相遇
동인 선호도이후소 대사극상우

군대가 처음에 부르짖었으나, 나중에 웃는다. 대규모 군대가 서로 만났다.

> ** 서로 다른 군대가 처음에 지휘 계통을 확인하기 위해 큰 소리로 부르짖었으나, 이내 서로가 우군임을 알고 사이좋게 대화하며 웃는다. 대규모 군대가 서로 만났다.

號: 부를 호
咷: 부르짖을 도
克: 능할(能) 극

> ** 7.師사괘와 56.旅여괘가 군대에 관한 괘인데, 同人동인괘에서도 마찬가지로 師사는 2천5백 명의 군대이다. 周禮주례 하관사마 軍制군제에 旅여가 5백 명, 師사가 2천5백 명이고, 軍군은 만 2천5백 명이다. 참고로, 왕은 六軍육군, 큰 제후국은 三軍삼군, 그다음 제후국은 二軍이군, 작은 제후국은 一軍일군이다.

13. 同人동인

[상] **同人于郊 无悔**
동 인 우 교 무 회

군대가 郊교에 모였다. 후회가 없다.

> ** 성읍의 바깥이 郊교이고, 교의 바깥이 野야다. 군대가 군사훈련을 마치고 입성하기 위해 郊교에 모여 인원을 점검하고 장비를 확인했다. 훈련을 잘 마쳤으므로 후회가 없다.

> ** 군대의 동선을 시간의 흐름에 따라 추측해 보면 초효 門문 > 이효 宗종 > 괘사 野야 > 삼효 莽망, 高陵고릉 > 상효 郊교이다. 괘사는 효사를 기록하고 난 후 중요 사항을 강조하거나 요약한 것이다.

> *** 13.同人동인괘는
> [괘] 이나라 수도를 옮길 계획과 기원을 하며
> [초] 문관과 무관, 군대가 성문에 모여
> [이] 종묘에서 제사 지내며 군사훈련의 성공을 기원하고
> [삼] 매복 훈련과 고지 점령 훈련을 하는데 이는 3년간 하지 않았던 것이다.
> [사] 적군이 보루에 기어올라 공격하지 못할 것이고
> [오] 행군 중에 다른 군대를 만나 처음에 소리치며 서로 지휘 계통을 확인하고 나중에 우군인 것을 알고 기뻐한다.
> [상] 군대가 郊교에 모여 인원을 점검하고 장비를 확인하며 입성할 준비를 마쳤다.

14. 大有대유
먼 길을 가서 천자께 제사 지내다

[괘] **元亨**
　　　원 형

크게 제사 지내고 음복했다.

> ** 亨형은 제사 지내고 飮福음복하는 것이다. 음복은 제사를 마치고 나서 술과 祭物제물을 나누어 먹는 일이다.

[초] **无交害匪咎 艱則无咎**
　　　무 교 해 비 구　간 즉 무 구

재앙에 겹침이 없으니, 허물이 아니다.
근심하니 허물이 없다.

艱: 근심할(憂) 간

14. 大有대유

> ** 하나의 재앙이 해결되지 않은 상태에서 또 다른 재앙이 겹친다면 그야말로 설상가상일 것이다. 그런데, 재앙이 겹쳐서 일어나지 않으니 매우 다행이며 허물이 아니다. 재앙이 없는 평시에도 항상 근심하며 대비하니 잘못이 없고 허물이 없다.

> ** 无交害匪咎 무교해비구와 艱則无咎 간즉무구가 押韻압운이며 일종의 동의어 반복이다.

[이]　**大車以載有攸往 无咎**
　　　대 거 이 재 유 유 왕　무 구

큰 수레에 싣고 먼 길을 가니 허물이 없다.

載: 실을 재

> ** 소가 끄는 큰 수레에 제사 지낼 제물과 술을 싣고 먼 길을 간다. 車거는 수레인데, 輿여도 수레이다. 글자의 모양만 보면 輿여가 車거보다 더 복잡한 구조의 수레이다. 大車대거는 牛車우거 또는 馬車마거 즉 소나 말이 끄는 수레이다.
> 大車以載有攸往 대거이재유유왕은 칠언시를 연상케 한다.

[삼] 公用亨于天子 小人弗克
　　　공 용 형 우 천 자　소 인 불 극

공이 천자께 제사 지내고 음복하는데 소인은 참가하지 않는다.

克: 능할 극, 능히 극

> ** 주나라 때 제후는 다섯 등급이 있었는데, 公侯伯子男
> 공후백자남이다. 公공은 최고위 대신이다. 벼슬 이름으로는
> 太師태사, 太傅태부, 太保태보 세 벼슬을 三公삼공이라 불렀다.
> 소인은 하급 관리 또는 나이가 적은 사람이다. 公공이
> 천자께 제사 지내는데, 고위 관리와 연장자가 참가하고,
> 하급 관리와 연소자는 참가하지 않는다.

[사] 匪其彭无咎
　　　비 기 팽 무 구

적군의 북소리가 아니니 허물이 없다.

彭: 북소리 팽, 많은 수레 소리 팽

14. 大有대유

> ** 彭팽은 북을 치는 소리 또는 수레가 요란스럽게 굴러가는 소리이다. 북을 치는 소리나 수레가 굴러가는 소리는 고대에 전쟁을 하던 모습이다. 고대에 군대가 전투할 때에, 북을 치고 북소리에 맞추어 군사와 수레가 진격했다. 북소리에 잠시 놀랐으나 적군의 북소리가 아니니 허물이 없다.
> 초효 无交害匪咎 무교해비구와 사효 匪其彭无咎 비기팽무구는 대구로 볼 수 있다.

[오] **厥孚交如威如 吉**
   궐 부 교 여 위 여 길

제후국을 다스림에 여러 가지 복잡한 사안이 겹치더라도, 위엄이 있으면 길하리라.

厥: 그 궐

> ** 孚부는 제후국으로 새긴다. 孚부는 다른 괘에서 전쟁포로나 사냥을 나가 잡아 온 짐승 등의 뜻으로 새겨야 할 때도 있다.

> ** 交교는 여러 가지 복잡한 사안이 겹치다, 로 새긴다.

81

[상] **自天祐之 吉无不利**
자 천 우 지 길 무 불 리

하늘에서 도우니 길하여 순조롭지 않음이 없다.

> * 하늘이 주나라를 도우니 길하여 나랏일이 다 순조롭다.

祐: 귀신이 도울 우, 하늘이 도울 우

> ** 之지는 주나라로 새긴다.

> *** 14.大有대유괘는
> [괘] 크게 제사 지내고 음복했다.
> [초] 나랏일에 근심하며 대비하고
> [이] 제사 지낼 제물과 술을 싣고 먼 길을 가서
> [삼] 천자께 제사 지내고 음복하며
> [사] 북소리에 놀랐으나 적군의 북소리가 아니니 안심한다.
> [오] 제후국을 다스림은 위엄 있게 하여야 하며
> [상] 하늘이 주나라를 도우니 길하여 나랏일이 다 순조롭다.

15. 謙겸
군자가 돌아가시니 장례의식을 거행하다

☷☶

[괘] **亨 君子有終**
　　　형　군 자 유 종

제사 지내고 음복했다.
군자가 돌아가셨다.

終: 죽을 종

> ** 終종은 죽는다는 뜻이다. 君子군자가 죽으면 終종이고, 小
> 人소인이 죽으면 死사이다. 謙겸괘는 은나라를 멸하고 수
> 도를 풍경에서 호경으로 옮긴 무왕이 돌아가시자 장례
> 의식을 거행하며 애도하는 기록이다.

[초] **謙謙君子 用涉大川 吉**
　　　겸 겸 군 자 용 섭 대 천 길

공경하고 공경하는 군자가 모든 자원을 동원하여 이나라 수도를 옮겼으니 매우 길한 일이다.

謙: 공경할 겸

> ** 用용은 모든 자원을 동원하여, 의 뜻으로 새긴다.

> ** 돌아가신 무왕이 수도를 풍경에서 호경으로 옮긴 것을 공경하며 칭송하고 있다.
> 풍경과 호경 사이에 豊河풍하가 흐르고 있는데, 풍하를 건너 수도를 옮긴 업적이 涉大川섭대천이다.

[이] **鳴謙 貞吉**
　　　명 겸 정 길

소리 내어 울며 추모하고 공경한다.
점을 쳐 천지신명께 물으니 길하다.

鳴: 울 명

[삼] **勞謙 君子有終 吉**
　　　노 겸 군 자 유 종 길

공로를 공경한다.
군자가 돌아가셨으나 길하다.

> * 군자의 功勞공로를 공경한다. 君子군자가 은나라를 쳐서 멸했으며, 수도를 호경으로 옮겨 주나라 천년대업의 기반을 닦으셨으니 후손에게 매우 길한 일이다.

15. 謙겸

[사]   **无不利 撝謙**
　　　무 불 리 휘 겸

순조롭지 않음이 없다. 대장기 깃발 아래에서 공경한다.

撝휘: 지휘하다, 손으로 대장기를 가리키다(手指麾)
麾: 대장기 휘

> ** 군자의 장례의식이 대장기 깃발 아래에서 순조로이 거
> 행되는 것을 기록하고 있다.

[오]   **不富以其鄰 利用侵伐 无不利**
　　　불 부 이 기 린   이 용 침 벌   무 불 리

이웃 나라보다 부강하지 않았는데 순조로이 여러 제후를 거느리고 은나라를 정벌하였으니 순조롭지 않음이 없었다.

> * 주나라가 은나라보다 부강하지 않았는데, 무왕이 천명을
> 받아 여러 제후를 거느리고 군사를 일으켜 목야전투에서
> 승리하고 은나라를 멸하였으니 모든 업적이 순조로웠다.

侵: 침노할 침
伐: 칠 벌

> ** 鄰린은 은나라이다.

> ** 用용은 여러 제후를 거느리고, 의 뜻으로 새긴다.

> ** 이웃 나라를 쳐들어가는 것을 侵침 또는 伐벌이라 했는데 潛師掠境 잠사약경을 侵침, 聲罪致討 성죄치토를 伐벌이라 했다. 몰래 군대를 일으켜 국경을 넘어 이웃 나라에 쳐들어가는 것이 侵침이고, 잘못을 저지른 이웃 나라를 그 죄를 물어 선전포고한 후에 군대를 일으켜 치는 것을 伐벌이라 했다.

[상] **鳴謙 利用行師 征邑國**
   명 겸 이 용 행 사 정 읍 국

소리 내어 울면서 공경한다. 순조로이 군사를 일으켜 여러 성읍과 나라를 정복하였다.

> * 소리 내어 울며 공경한다. 무왕이 주도면밀하게 계획하여 순조로이 군사를 일으켜 여러 성읍과 나라를 정복하여, 주나라에 복속하게 하였다.

> ** 무왕이 은나라를 멸한 후에 여러 성읍과 나라를 정벌한 것을 공경하며 칭송하고 있다.

15. 謙겸

*** 15.謙겸괘는
[괘] 무왕이 돌아가시니
[초] 무왕이 풍경에서 호경으로 수도를 옮긴 사실을 공경하며 칭송하고
[이] 소리 내어 울며 추모하고 공경하며
[삼] 재위 시의 공로를 회상하고
[사] 장례의식이 대장기 깃발 아래에서 순조로이 거행되며
[오] 무왕이 은나라를 멸한 것을 공경하고
[상] 여러 성읍과 나라를 정벌하여 복속하게 한 것을 회상하며 공경하고 있다.

16. 豫예
즐겁기만 바란다면 오래도록 후회할 것이다

☷☳

[괘]　**利建侯 行師**
　　　　이 건 후 행 사

순조로이 제후를 봉하고 군대를 통솔한다.

[초]　**鳴豫凶**
　　　　명 예 흉

소리 내어 즐기니 흉하다.

豫: 기뻐할 예, 즐길 예

[이]　**介于石 不終日 貞吉**
　　　　개 우 석 부 종 일 정 길

바위처럼 크고 단단할지라도 하루 종일 지속되지 못한다.
점을 쳐 천지신명께 물으니 길하다.

16. 豫예

> *즐기는 쾌락이 아무리 크고 대단한 만족을 안겨 줄지라도 겨우 하루를 넘겨 지속되지 못한다. 점을 쳐 천지신명께 물으니 길하다.

介: 클 개

[삼] **盱豫悔 遲有悔**
　　　　우 예 회　지 유 회

즐겁기만 바란다면 후회가 있고, 오래도록 후회할 것이다.

盱: 바랄 우
遲: 오랠 지

[사] **由豫 大有得 勿疑 朋盍簪**
　　　　유 예　대 유 득　물 의　붕 합 잠

올바르게 즐김은 크게 좋은 일인 것은 의심할 바 없으며 그래야 재물이 모이리라.

> *올바르게 즐기는 것이 좋은 일인 것은 당연하며 그래야 재물이 모이리라.

由: 바로잡을 유
盍: 모을 합

簪: 모일 잠

[오] **貞疾恆不死**
정 질 항 불 사

점을 쳐 천지신명께 물으니 근심하는 것은 영원히 끝나지 않을 것이다.

疾: 근심할 질, 괴로워할 질
死: 다할 사

> ** 豫예의 반대말로 疾질이 쓰였다.
> 豫예는 즐거움, 쾌락의 의미이다. 疾질은 근심, 슬픔, 질병 등의 뜻이다.

[상] **冥豫 成有渝 无咎**
명 예 성 유 투 무 구

어두운 곳에서 즐기는 것은 변화가 있어야 허물이 없으리라.

> * 음침한 곳에서 술을 마시고 여색을 탐하며 쾌락에 빠져 헤어 나오지 못하고 즐기는 것을 즉시 그만두어야 허물이 없으리라.

冥: 어두울 명, 깊숙할 명
渝: 변할 투

16. 豫예

*** 豫예괘 괘사와 효사를 구조적으로 분석해 보면 초효 鳴豫凶 명예흉과 삼효 盱豫悔 우예회를 대구로 볼 수 있다.
사효 由豫 大有得 勿疑 유예 대유득 물의와 상효 冥豫 成有渝 无咎 명예 성유투 무구 또한 대구이다. 이 대구가 각각 서로 한 효를 건너뛰어 기록되고 豫예와 有유가 압운인 것이 묘하다.
豫예괘를 기록할 때에 鳴豫凶 명예흉, 盱豫悔 우예회를 연이어 기록하고, 또 같은 이치로 由豫 大有得 勿疑 유예 대유득 물의, 冥豫 成有渝 无咎 명예 성유투 무구를 연이어 기록하고 나서 이효와 오효는 나중에 새로이 첨가되었을 것이다.

*** 16.豫예괘는
[괘] 순조로이 제후를 봉하고 군대를 통솔한다.
[초] 소리 내어 즐김은 흉하고
[이] 쾌락은 대단한 만족을 안겨 줄지라도 겨우 하루를 넘기지 못하고
[삼] 즐겁기만 바란다면 오래도록 후회할 것이며
[사] 올바르게 즐겨야 재물이 모이며
[오] 근심하는 것은 영원히 끝나지 않을 것이며
[상] 쾌락을 탐하는 것을 즉시 그만두어야 허물이 없으리라.

17. 隨수
죄인을 붙잡아 감옥에 가두다

☷☳

[괘] **元亨 利貞 无咎**
　　　원 형　이 정　무 구

크게 제사 지내고 음복했다.
순조로이 점을 쳐 천지신명께 물으니 허물이 없다.

[초] **官有渝 貞吉 出門交有功**
　　　관 유 투　정 길　출 문 교 유 공

관청에 변고가 생겼다.
점을 쳐 천지신명께 물으니 길하다.
성문을 나가 흩어졌는데, 반드시 잡아야 공이 있으리라.

> *죄인을 가두는 관청에서 죄인이 여럿 탈옥하는 사고가 발생했다. 이들을 도로 붙잡아 수감할 수 있을 것인가 점을 쳐 천지신명께 물으니 길하다.
> 탈옥한 죄인들이 성문을 나가 이리저리 흩어졌다는 말을 듣고 현장에 나가 살펴보았다. 반드시 잡아들여야 공이 있으리라.

17. 隨수

渝: 변할 투, 변하여 더러울 투

[이]　**系小子 失丈夫**
　　　계 소 자　실 장 부

나이 어린 죄인을 붙잡고 나이 많은 죄인을 놓쳤다.

> *탈옥하여 도망간 죄인을 추적하여 그중 젊은 죄인을 붙잡았고, 늙은 죄인을 놓쳤다.

系: 1. 묶을 계
　　2. 죄수罪囚 계

[삼]　**系丈夫 失小子 隨有求得 利居貞**
　　　계 장 부　실 소 자　수 유 구 득　이 거 정

나이 많은 죄인을 붙잡고 나이 어린 죄인을 놓쳤다.
남은 죄인을 계속 추적하고 있으니 모조리 잡아들이리라.
순조로이 도망간 죄인의 거처에 대하여 점을 쳐 천지신명께 물었다.

隨: 뒤따를 수

> **隨수괘에서 隨수는 도망간 죄인을 뒤쫓는다는 의미이다.

[사]　**隨有獲貞凶 有孚在道以明 何咎**
　　　수 유 획 정 흉　유 부 재 도 이 명　하 구

도망간 죄인을 쫓아가서 모두 잡아들일 수 있을지 점을 쳐 천지신명께 물으니 흉하다.
도망간 죄인을 백방으로 추적하고 있는 중이라 다시 잡아들일 것이 명백한데 무슨 허물이 있겠는가.

獲: 잡을 획

[오]　**孚于嘉 吉**
　　　부 우 가　길

죄인에게 嘉石가석을 짊어지게 하니 길하다.

> ** 주역에서 해석하기 어려운 글자가 孚부인데, 죄인으로 새긴다.

> ** 嘉石가석은 周禮주례 秋官司寇추관사구에 죄인이 짊어지고 다니던 죄의 내용을 적은 돌이다. 중죄를 지은 자는 13일 동안 가석을 등에 짊어지고 다니고, 司空사공의 관아에서 1년 동안 노동하게 하였다.

17. 隨수

[상]　拘系之 乃從維之 王用亨于西山
　　　구 계 지　내 종 유 지　왕 용 형 우 서 산

도망간 죄인을 붙잡아 묶어 데려와 감옥에 가두었다.
왕이 제물을 올려 서산에 제사 지내고 음복했다.

拘: 잡을 구

系: 묶을 계

維: 맺을 유, 이어 맬 유

> **西山서산은 주나라 문왕 때까지 수도이던 岐山기산이다. 기산이 주나라 수도인 鎬京호경의 서쪽에 있으므로 서산이라 했다. 46.升승괘 사효에 王用亨于岐山왕용형우기산이 보인다.

> *** 17.隨수괘는
> [괘] 크게 제사 지내고 음복했다.
> [초] 관청에 사고가 생겨 죄인이 여럿 탈옥하여 추적하는데
> [이] 젊은 죄인을 다시 붙잡고
> [삼] 나이 많은 죄인을 다시 붙잡았으며
> [사] 도망간 죄인을 쫓아가서 모두 잡아들일 수 있을지 점을 쳐 천지신명께 묻고
> [오] 죄인을 붙잡아 죄에 상응하는 벌을 내리고
> [상] 죄인을 감옥에 가두었다. 왕이 서산에 제사 지내고 음복했다.

18. 蠱고
아버지의 부정한 과오를 바로잡다

[괘] **元亨 利涉大川 先甲三日 後甲三日**
원 형 이 섭 대 천 선 갑 삼 일 후 갑 삼 일

크게 제사 지내고 음복했다.
순조로이 이나라 수도를 옮겨야 한다. 길일은 갑일의 3일 전부터 갑일의 3일 후까지이다.

> ** 利涉大川이섭대천은 순조로이 이나라 수도를 옮긴다는 뜻인데, 수도를 옮기는 일이 장기간에 걸친 과업이므로, 여러 괘에 기록되어 있다.

[초] **幹父之蠱 有子考 无咎 厲終吉**
간 부 지 고 유 자 고 무 구 여 종 길

아버지의 부정한 과오를 바로잡는 것은 아들이 깊이 살피면 허물이 없다. 위태로워도 마지막에 길하다.

幹: 일에 능할 간, 일 맡을 간
蠱: 배 속 벌레 고, 곡식 벌레 고

18. 蠱고

考: 살필 고

> ** 蠱고는 동물의 기생충, 또는 접시에 담아 둔 과일이나 음식이 상하여 생긴 벌레를 뜻한다. 여기서는 잘못, 부정한 과오 등으로 새긴다.

[이]　**幹母之蠱 不可貞**
　　　간 모 지 고　불 가 정

어머니의 부정한 과오를 바로잡는 것은 점을 쳐 천지신명께 물을 사항이 아니다.

[삼]　**幹父之蠱 小有悔 无大咎**
　　　간 부 지 고　소 유 회　무 대 구

아버지의 부정한 과오를 바로잡는 것이니 조금 후회가 있지만 큰 허물은 없다.

[사]　**裕父之蠱 往見吝**
　　　유 부 지 고　왕 견 린

아버지의 부정한 과오를 너그러이 용인하여 그대로 둔다면 위태로운 일을 보게 될 것이다.

> * 아버지의 부정한 과오를 너그러이 용인하여 그대로 두어 바로잡지 않는다면 위태로운 일을 당하게 될 것이다.

裕: 너그러울 유

吝: 위태할 린, 한할(恨) 린

> ** 주역에서 往왕은 해석이 어려운 글자이다.
> 往왕은 征정과 대비되는 글자인데, 하던 일을 그대로 하다, 내버려 두다, 현상을 유지하다 등으로 새겨야 될 때가 많다. 여기서는 그대로 두다, 로 해석한다.

[오] **幹父之蠱 用譽**
     간 부 지 고 용 예

아버지의 부정한 과오를 바로잡는 것은 칭찬받아야 할 일이다.

譽: 기릴 예, 칭찬할 예

[상] **不事王侯 高尚其事**
     불 사 왕 후 고 상 기 사

왕과 제후를 섬기지 않으니 그 섬김이 고상하다.

> * 왕과 제후를 섬기지 않고, 집에서 아버지와 어머니를 모시니 그 섬김이 매우 고상하다.

事: 섬길 사

18. 蠱고

*** 18.蠱고괘는
[괘] 크게 제사 지내고 음복했다. 순조로이 이나라 수도를 옮겨야 한다.
[초] 아버지의 부정한 과오를 바로잡아야 하며
[이] 어머니의 부정한 과오를 바로잡는 것은 점을 쳐 천지신명께 물을 사항이 아니며
[삼] 아버지의 부정한 과오를 바로잡는 것은 큰 허물이 아니며
[사] 아버지의 부정한 과오를 용인하면 위태롭고
[오] 아버지의 부정한 과오를 바로잡는 것은 칭찬받아야 할 일이다.
[상] 왕과 제후를 섬기지 않고, 집에서 아버지와 어머니를 모시니 그 섬김이 매우 고상하다.

19. 臨임
   지극히 임해야 허물이 없으리라

䷒

[괘] 元亨 利貞 至于八月有凶
     원 형 이 정 지 우 팔 월 유 흉

크게 제사 지내고 음복했다.
순조로이 점을 쳐 천지신명께 물으니, 8월이 되면 흉한 일이 있을 것이다.

[초] 咸臨 貞吉
     함 림 정 길

두루 널리 임한다. 점을 쳐 천지신명께 물으니 길하다

> * 백성을 다스림에 두루 널리 임한다. 점을 쳐 천지신명께 물으니 길하다.

咸: 같을 함, 두루 함, 널리 함, 느낄 함

19. 臨임

[이]   **咸臨 吉 无不利**
　　　　함 림 길 무 불 리

두루 널리 임하니 길하여 순조롭지 않음이 없다.

> * 백성을 다스림에 두루 널리 임하니 길하여 순조롭지 않음이 없다.

[삼]   **甘臨 无攸利 既憂之 无咎**
　　　　감 림 무 유 리 기 우 지 무 구

바르지 않게 임하면 순조로운 바가 없다. 미리미리 근심하여야 허물이 없다.

> * 바르지 않게 임하면 나라가 순조로이 다스려지지 않는다. 미리미리 백성을 위해 근심하여야 허물이 없으리라.

甘: 간사하여 바르지 않을 감

憂: 근심할 우

> ** 60.節절괘 오효에 甘감이 보이는데, 뜻을 달리 해석해야 한다.

[사]　**至臨 无咎**
　　　　지　림　무　구

지극히 임해야 허물이 없으리라.

> * 지극한 마음으로 임하며 백성을 다스려야 허물이 없으리라.

[오]　**知臨 大君之宜 吉**
　　　　지　림　대　군　지　의　길

풍부한 지식과 경륜으로 임하는 것이 대인군자가 마땅히 해야 할 일이며 그래야 길하리라.

宜: 옳을 의

[상]　**敦臨 吉 无咎**
　　　　돈　림　길　무　구

도타운 마음으로 임하며 백성을 다스려야 길하고 허물이 없으리라.

敦: 도타울 돈
도탑다: 서로의 관계에 사랑이나 인정이 많고 깊다.

19. 臨임

*** 19.臨임괘는
[괘] 크게 제사 지내고 음복했다. 순조로이 점을 쳐 천지신명께 물으니, 8월이 되면 흉한 일이 있을 것이다.
[초] 백성을 다스림에 두루 널리 임해야 하며
[이] 그래야 길하여 순조롭고
[삼] 바르지 않게 임하면 순조로운 바가 없고
[사] 지극히 임해야 허물이 없으며
[오] 풍부한 지식과 경륜으로 임하는 것이 대인군자가 마땅히 해야 할 일이며
[상] 도타운 마음으로 임하며 백성을 다스려야 길하고 허물이 없으리라.

20. 觀관
여러 제후국이 예물을 바치며 조회하러 오다

䷓

[괘] **盥而不薦 有孚顒若**
관 이 불 천 유 부 옹 약

손을 씻을 때에는 올리지 않는다. 천지신명이 굽어보니 엄숙해야 한다.

> * 손을 씻을 때에는 제사 음식을 올리지 않는다. 손을 씻고 나서 마음을 정갈하게 한 후에 제사 음식을 올린다. 천지신명이 굽어보니 제사에 엄숙한 태도로 임해야 한다.

盥: 손 씻을 관
薦: 올릴 천, 드릴 천
顒: 엄정한 모양 옹
孚: 새알 부, 씨앗 부, 알 깔 부, 싹 날 부, 기를 부, 믿을 부

> ** 有孚유부는 천지신명이 보살피다, 천지신명이 굽어보다, 천지신명이 도우다, 로 새긴다.

20. 觀관

[초]   **童觀 小人无咎 君子吝**
　　　　동 관　소 인 무 구　군 자 린

어린아이의 눈빛으로 바라보니, 소인은 허물이 없지만 군자는 위태롭다.

> * 어린아이는 단순한 시각으로 세상을 바라보니, 소인이 그런다면 허물이 없지만 군자는 그렇지 않으므로 위태롭다.

觀: 볼 관, 바라볼 관, 살펴볼 관

> ** 觀관괘는 4.蒙몽괘와 관련하여, 童동을 주나라 성왕, 小人소인을 젊은 관리로 새기고 君子군자를 주공으로 해석하는 것도 가능하다. 소인은 의미가 다양해 때에 따라 다르게 해석해야 한다. 도량이 좁고 간사한 사람을 소인이라고 이르게 된 것은 훗날이다.

[이]   **闚觀 利女貞**
　　　　규 관　이 녀 정

엿본다. 순조로이 여자에 대해 점을 쳐 천지신명께 물었다.

闚: 엿볼 규

[삼]　**觀我生 進退**
　　　관 아 생　진 퇴

나의 나아감을 보니 내가 나아가면 상대방은 물러간다.

> * 내가 나아가면 상대방은 물러간다.

生: 나아갈 생
進: 나아갈 진
退: 물러갈 퇴

[사]　**觀國之光 利用賓于王**
　　　관 국 지 광　이 용 빈 우 왕

이나라 수도의 영광을 봄은 순조로이 여러 제후국이 예물을 바치며 주나라 왕에게 조공하러 오는 것이다.

光: 영광스러울 광
賓: 손 빈, 주인의 친구 빈, 제후국이 복종하여 조공하러 올 빈

> ** 利用賓于王 이용빈우왕에서 用용은 '예물을 바치며'로 새긴다. 17.隨수괘 상효 王用亨于西山 왕용형우서산에서 用용은 '제물을 올려'로 새긴다.

> **國국은 나라의 수도로 새긴다.

20. 觀관

[오]　**觀我生 君子无咎**
　　　관 아 생　군 자 무 구

나의 나아감을 보니 군자가 허물이 없다.

> * 군자가 나의 나아감을 보는 것이니, 군자가 허물이 없다.

[상]　**觀其生 君子无咎**
　　　관 기 생　군 자 무 구

그의 나아감을 보니 군자가 허물이 없다.

> * 군자가 그의 나아감을 보니, 군자가 허물이 없다.

*** 20.觀관괘는
[괘] 손을 씻을 때에는 제사 음식을 올리지 않는다. 천지신명이 굽어보니 제사에 엄숙한 태도로 임해야 한다.
[초] 어린아이의 눈빛으로 바라보니, 소인은 허물이 없지만 군자는 위태롭다.
[이] 엿본다. 순조로이 여자에 대해 점을 쳐 천지신명께 물었다.
[삼] 나의 나아감을 보니 내가 나아가면 상대방은 물러간다.
[사] 이나라 수도의 영광을 봄은 순조로이 여러 제후국이 예물을 바치며 주나라 왕에게 조공하러 오는 것이다.
[오] 나의 나아감을 보니 군자가 허물이 없다.
[상] 그의 나아감을 보니 군자가 허물이 없다.

21. 噬嗑 서합
죄인에게 참혹한 형벌을 집행하다

[괘] **亨 利用獄**
　　　형　이 용 옥

제사 지내고 음복했다.
순조로이 율령에 따라 감옥과 형벌에 관한 나랏일을 집행한다.

> **4.蒙**몽괘 초효 利用刑人 用說桎梏 以往吝 이용형인 용탈질곡 이왕린이 후대에 주역 원본의 편집 과정에서 이 괘사에서 분리된 것으로 생각한다.

[초] **屨校滅趾 无咎**
　　　구 교 멸 지　무 구

죄인의 발에 차꼬를 채우고 발뒤꿈치를 벤다. 허물이 없다.

屨: 가죽신 구, 신 구
校: 차꼬 교
滅: 다할 멸
趾: 발 지

21. 噬嗑서합

> ** 履구는 발에 신는 물건을 통틀어 이르는 말이다.
> 校교는 죄수를 가두어 둘 때 쓰던 형구이다.
> 周禮주례 다섯 가지 형벌 중 발뒤꿈치를 베는 형벌은 刖刑월형이다.

[이]   噬膚滅鼻 无咎
         서 부 멸 비 무 구

살을 베어 내고 코를 벤다. 허물은 없다.

噬: 베어 낼 서

膚: 살갖 부

滅: 없어질 멸, 없앨 멸

鼻: 코 비

> ** 죄인의 살을 베어 내는 형벌 중에 코를 베는 劓刑의형이다.
> 주례에 형벌은 다섯 가지이다.
> 이마에 먹물로 글자를 새기는 墨刑묵형, 코를 베는 劓刑의형, 남자를 거세하는 宮刑궁형, 발뒤꿈치를 베는 刖刑월형, 사형인 殺刑살형이다. 살형을 따로 분류하여 머리카락을 자르는 髡刑곤형을 대신 넣어 다섯 형벌로 분류할 경우도 있다.
>
> ** 38.睽규괘 오효에 噬膚서부가 보인다.

[삼]　**噬腊肉 遇毒 小吝 无咎**
　　　　서 석 육　우 독　소 린　무 구

살을 베어 내니 참혹하여 조금 위태로우나, 허물은 없다.

腊: 마른고기(乾肉) 석
毒: 몹시 독할 독

> ** 의형, 궁형, 월형 등을 집행할 때 잔인하게 죄인의 살을 베어 내니 형벌이 이루 말할 수 없이 참혹하다. 腊석은 마른고기란 뜻인데, 여기서는 죄인의 말라비틀어진 피부로 새긴다.

> ** 흉악한 죄를 저지른 죄인에게 율령에 따라 엄격하게 형벌을 집행하므로 '허물이 없다'.

[사]　**噬乾胏 得金矢 利艱貞 吉**
　　　　서 간 자　득 금 시　이 간 정　길

고기 속의 뼈마저 베어 내니, 그 뼈가 마치 구리 화살 모양과 비슷하다. 순조로이 앞날의 어려움에 대하여 점을 쳐 천지신명께 물으니 길하다.

乾: 마를 간
胏: 포의 뼈(脯有骨) 자
脯: 말린고기 포

21. 噬嗑서합

> ** 죄인에게 살을 베어 내는 형벌을 가할 때 말라비틀어진 살에 붙은 뼈마저 베어 낸다. 떨어져 나온 뼛조각이 마치 구리 화살과 비슷하게 생겼다.

[오]   **噬乾肉 得黃金 貞厲 无咎**
　　　　서 건 육 득 황 금 정 려 무 구

마른고기를 베어 내니, 마치 누런 구리 조각과 같다. 점을 쳐 천지신명께 물으니 위태롭지만 허물은 없다.

> ** 죄인의 말라비틀어진 한 점 살마저 베어 내는 형벌이니, 베어 낸 살점이 마치 누런 구리 조각과 같다.

[상]　**何校滅耳 凶**
　　　　하 교 멸 이 흉

차꼬를 채우고 귀를 베어 내니 흉하다.

> * 어깨 위 목에 채우는 형구인 차꼬를 채워 죄인을 못 움직이게 하고 귀를 베어 내니 흉하다.

> ** 何하는 메다, 짊어지다, 라는 뜻의 荷하로 읽어야 한다. 26.大畜대축괘 상효에 보이는 何하도 荷하로 읽어야 한다.

111

*** 21.噬嗑서합괘는
[괘] 감옥과 형벌에 관한 나랏일을 집행하는데
[초] 발뒤꿈치를 베는 월형
[이] 코를 베는 의형을 집행하고
[삼] 죄인의 살을 베어 내고
[사] 뼈를 베어 내고
[오] 말라비틀어진 살점마저 베어 내니 참혹하며
[상] 차꼬를 채우고 귀를 베어 내는 형벌을 집행한다.

22. 賁비
신부는 아름답고 신랑은 흠치르르하다

☲☶

[괘]　**亨小 利有攸往**
　　　형 소　이 유 유 왕

작게 제사 지내고 음복했다.
순조로이 혼인예식을 거행한다.

> ** 往왕은 계획대로 진행하다, 라는 뜻이다. 순조로이 혼인
> 예식을 계획대로 거행한 것을 기록하고 있다. 괘사는 여
> 섯 효사의 요약과 총평이다.

[초]　**賁其趾 舍車而徒**
　　　비 기 지　사 거 이 도

발을 아름답게 꾸미고 수레에서 내려 걸어간다.

> * 수레에서 내려 걸어가는데 예쁜 신발이 아름답다.

賁: 꾸밀 비
趾: 발 지

徒: 걸을 도, 보행할 도

> ** 예쁘게 꾸민 신발을 신고 신부가 수레에서 내려 걸어간다. 舍車而徒 賁其趾 사거이도 비기지의 도치이다. 혼인예식에 신부의 모습이다. 많은 사람이 지켜보는 가운데 신부가 수레에서 내려 사뿐히 걸어가는데 그 신발이 예쁘고 아름답다.

[이] **賁其須**
　　　　비　기　수

수염이 멋있다.

> ** 須수를 나이 많은 남자로 새길 수 있다. 혼인예식에 신랑의 모습이다. 신랑은 인물 좋고 훤칠한데, 수염이 멋있다.

[삼] **賁如濡如 永貞吉**
　　　　비　여　유　여　　영　정　길

신부는 아름답고 신랑은 흠치르르하다. 미래의 오랜 기간에 대해 점을 쳐 천지신명께 물으니 길하다.

濡: 흠치르르할 유
흠치르르하다: 깨끗하고 번지르르 윤이 나는 모습이다.

22. 賁비

> ** 신부는 賁비하고 신랑은 濡유하다. 신부의 신발은 예쁘게 꾸며 아름답고, 신랑의 수염은 흠치르르하다. 永貞吉영정길은 신부와 신랑의 혼인을 두고 미래의 오랜 기간에 대하여 점을 쳐 천지신명께 물으니 길하다는 점의 결과를 얻은 것이다.

> ** 63.旣濟기제괘 초효와 상효에도 濡유가 보이는데, 賁비괘의 濡유와 달리 해석해야 한다.

[사] **賁如皤如 白馬翰如 匪寇婚媾**
　　　비 여 파 여　백 마 한 여　비 구 혼 구

아름답고 희다. 백마가 눈처럼 희다. 예물이 매우 많은 혼인예식은 아니다.

皤: 흴 파
翰: 흰 말 한, 흴 한
匪: 아닐 비
寇: 물건 많을 구

> ** 혼인예식을 묘사하고 있다. 신부가 아름답다. 신랑이 타고 온 백마도 눈처럼 희고 아름답다.

> ** 匪寇婚媾비구혼구는 3.屯준괘 이효에도 보인다. 寇구는 物盛多물성다 즉 물건이 성하여 많다는 뜻이다. 寇婚媾구혼구는 혼인예물을 많이 갖추어 준비한 혼인예식인데, 이 혼인예식은 寇婚媾구혼구가 아니다.

[오] 賁于丘園 束帛戔戔 吝 終吉
비 우 구 원 속 백 전 전 인 종 길

동산을 예쁘게 꾸미고 다섯 필 명주 비단으로 폐백 드리니 한스럽지만 마지막엔 길하다.

丘: 언덕 구, 높을 구
園: 동산 원
동산: 큰 집의 정원에 만들어 놓은 작은 산이나 숲
束: 묶을 속, 묶음 속, 다섯 필 속
帛: 비단 백
戔: 얕고 작을 전, 적을 전
폐백: 신부가 처음으로 신랑의 부모를 뵐 때 큰절을 하고 올리는 물건

> ** 丘園구원은 저택 안 약간 높은 곳에 있는 작은 산이나 숲이다. 다섯 필 명주 비단으로 폐백 드리니 혼수품이 적어서 한스럽지만 마지막엔 길하다.

> ** 吝인을 위태하다, 위태롭다의 뜻으로 새기지 않고, 한스럽다, 유감스럽다, 로 새긴다.

> ** 戔전은 사효의 寇구와 대비되는 글자이다. 寇구는 물건이 많다는 뜻이고, 戔전은 물건이 적다는 뜻이다.

22. 賁비

[상] **白賁 无咎**
　　　백 비 　무 구

흰색으로 꾸미니 허물이 없다.

> ** 혼인예식이 희고 아름다우니 허물이 없다.

> *** 22.賁비괘는
> [괘] 순조로이 혼인예식을 거행한다.
> [초] 예쁘게 꾸민 신발을 신고 신부가 수레에서 내려 걸어 간다.
> [이] 신랑은 수염이 멋있는 미남이다.
> [삼] 신부는 아름답고 신랑은 흠치르르하다.
> [사] 백마가 눈처럼 희다. 예물이 매우 많은 혼인예식은 아니다.
> [오] 집의 동산에서 간소하게 폐백 드린다.
> [상] 혼인예식이 희고 아름다우니 허물이 없다.

23. 剝박
   띠집을 두드려 지붕을 이다

䷖

[괘]　**不利有攸往**
　　　불 리 유 유 왕

일의 진행이 순조롭지 않다.

[초]　**剝床以足蔑　貞凶**
　　　박 상 이 족 멸　정 흉

평상 다리를 두드려 평상이 부서져 버렸다.
점을 쳐 천지신명께 물으니 흉하다.

剝: 두드릴(力擊) 박

牀: 평상 상

蔑: 없을 멸, 버릴 멸, 멸할(滅) 멸

23. 剝박

> ** 평상은 앉아 있기도 하며 눕기도 하는 곳이다. 평상은 초효의 足족 평상 다리, 이효의 辨변 평상 판을 받치는 네 모난 틀, 사효의 膚부 평상의 판 세 부분으로 이루어져 있다.

> ** 빈한한 백성이 먹을 것이 없어 한탄하며 평상 다리를 두드려 평상이 부서져 버렸다.

> ** 蔑멸은 '없게 되다'란 뜻이다.

> ** 詩經시경 大雅대아 生民之什생민지습
> 喪亂蔑資상란멸자
> 혼란으로 물자가 없게 되었거늘

[이]   **剝床以辨蔑 貞凶**
　　　　박 상 이 변 멸　정 흉

평상 틀을 두드려 평상이 부서져 버렸다.
점을 쳐 천지신명께 물으니 흉하다.

辨: 평상 틀 변

> ** 辨변은 평상의 판을 받치는 네모난 틀이다.

[삼]　　剝之 无咎
　　　　　박 지 무 구

평상을 두드리니 허물이 없다.

> ** 之지는 평상이다.

[사]　　剝床以膚 凶
　　　　박 상 이 부 흉

평상 판을 두드리니 흉하다.

> ** 膚부는 평상의 판이다.

[오]　　貫魚以宮人寵 无不利
　　　　관 어 이 궁 인 총 무 불 리

제후 부인을 모시는 궁녀가 총애를 받으니, 순조롭지 않음이 없다.

貫: 돈꿰미 관, 꿰뚫을 관, 맞힐 관, 이룰 관, 관통할 관, 횡단할 관, 섬길
　　관, 익숙할 관, 모시어 받들 관
魚: 1. 관리가 차는 물고기 모양의 패물 어
　　2. 물고기의 가죽으로 장식한 제후 부인의 수레 어
寵: 사랑할 총, 은혜 총, 영화로울 총, 첩 총
宮人궁인: 궁녀

23. 剝박

> ** 貫관은 모시어 받듦, 으로 해석한다.

> ** 魚어는 물고기의 가죽으로 장식한 제후 부인의 수레다. 이를 제후 부인으로 새긴다. 貫魚以宮人寵 관어이궁인총은 궁녀가 제후 부인을 섬기며 총애를 받는다는 뜻으로 새긴다.

[상] **碩果不食 君子得輿 小人剝廬**
      석 과 불 식 군 자 득 여 소 인 박 려

잘 익은 과일도 먹지 않는 군자는 수레를 타고 다니지만 소인은 띠 집을 두드려 지붕을 인다.

碩: 클 석, 충실할(充實) 석
輿: 수레 여
廬: 띠집 려, 초막 려

> ** 충실하게 잘 익은 과일도 먹지 않는 군자는 수레를 타고 다니지만, 백성은 먹을 것이 없어 평상을 두드리고 띠집을 두드려 지붕을 인다. 옛날에 띠집의 지붕을 일 때에 짚더미나 띠를 모아 묶어 지붕에 올려 단단히 고정해야 했는데, 여러 번 두드려서 그 부피를 줄인 다음 굵은 새끼줄로 고정해야 했다.

> ** 君子得輿 小人剝廬 군자득여 소인박려는 대구다. 시경의 대부분이 한 구가 네 자인데, 여느 시경 구절과 비슷하다.

** 소인은 백성으로 새긴다. 주나라 때 하층민은 성이 없었다. 하지만, 필자가 이 책에서 말하는 백성의 뜻은 하층민이다.

** 오효의 제후 부인과 상효의 군자가 대비된다. 오효의 궁녀와 상효의 소인이 대비된다.

*** 23. 剝박괘는
[괘] 일의 진행이 순조롭지 않다.
[초] 평상 다리를 두드려 평상이 부서져 버렸다.
[이] 평상 틀을 두드려 평상이 부서져 버렸다.
[삼] 평상을 두드리니 허물이 없다.
[사] 평상 판을 두드리니 흉하다.
[오] 제후 부인을 모시는 궁녀가 총애를 받는다.
[상] 군자는 수레를 타고 다니지만 소인은 띠집을 두드려 지붕을 인다.

24. 復복
7일째에 다시 돌아오다

☷☳

[괘] 亨 出入无疾 朋來 无咎 反復其道
　　형 출입무질 붕래 무구 반복기도

　　七日來復 利有攸往
　　칠일래복 이유유왕

제사 지내고 음복했다.
출입에 근심할 것이 없고, 재물이 들어왔으니 허물이 없다. 일상의 반복이다. 오늘이 7일째인데, 다시 돌아왔다. 순조로이 나랏일을 한다.

> ** 出入无疾출입무질은 출입 즉 들고남에 근심할 것이 없었다, 지난 6일간의 한 주 동안 나랏일을 하며 특별히 아픈 데가 없고 근심이 없었다, 로 해석한다.
> 朋붕은 재물이다. 朋來붕래는 재물이 들어오다, 로 새긴다.
> 反復其道반복기도는 일상의 반복이다, 로 새긴다.
> 七日來復칠일래복은 주나라 때 6일을 한 주로 삼았으므로 시작하는 날을 산입하여 계산할 때 7일째는 지금 개념으로 같은 요일이 되돌아온 것이다. 攸往유왕은 늘 하는 나랏일, 일상 업무, 항상 하는 일을 의미한다.

[초]　　不遠復 无祗悔 元吉
　　　　　불 원 복　무 지 회　원 길

머지않아 되돌아왔다. 큰 후회는 없다. 크게 길하다.

遠: 멀 원
祗: 공경할 지

> ** 祗지의 뜻이 '공경하다'이지만 无祗悔무지회의 문맥으로
> 볼 때 祗지를 氐(근본 저)로 새긴다.
> 그래서 无祗悔무지회를 근본적인 후회는 없다, 큰 후회는
> 없다, 로 해석한다.

[이]　　休復 吉
　　　　휴 복 길

아름답게 돌아왔으니 길하다.

休: 아름다울 휴

[삼]　　頻復 厲无咎
　　　　빈 복　여 무 구

여러 번 되돌아온다. 위태롭지만 허물은 없다.

24. 復복

> *6일 한 주의 반복은 계속 되돌아온다. 위태롭지만 허물은 없다.

[사] **中行獨復**
중 행 독 복

가는 도중에 홀로 되돌아왔다.

[오] **敦復 无悔**
돈 복 무 회

성실하게 돌아오니 허물이 없다.

敦: 도타울 돈

> **敦**돈은 성실하다, 로 새긴다.

[상] **迷復 凶 有災眚 用行師 終有大敗**
미 복 흉 유 재 생 용 행 사 종 유 대 패
以其國君 凶 至于十年 不克征
이 기 국 군 흉 지 우 십 년 불 극 정

길을 잃었다가 돌아올 것이니 흉하다. 재앙이 생길 것이다. 군사를 출정하면 마지막에 크게 패할 것이다. 나라의 군자에게 흉한 일이 될 것이니 앞으로 10년간 어려운 상황을 극복하지 못할 것이다.

迷: 길 잃을 미

眚: 재앙 생

克: 이길 극, 능할 극

> ** 君군은 君子군자로 해석한다.

> ** 征정은 잘못된 일을 적극적으로 바로잡다, 개혁하다, 비상시에 나랏일을 처리하다, 등으로 새긴다.

> *** 24.復복괘는
> [괘]출입에 근심할 것이 없고 재물이 들어왔으니 허물이 없다. 일상의 반복이다. 오늘이 7일째인데, 다시 돌아왔다. 순조로이 나랏일을 한다.
> [초] 머지않아 되돌아왔다.
> [이] 아름답게 돌아왔으니 길하다.
> [삼] 6일 한 주의 반복은 계속 되돌아온다.
> [사] 가는 도중에 홀로 되돌아왔다.
> [오] 성실하게 돌아오니 허물이 없다.
> [상] 길을 잃었다가 돌아올 것이니 흉하다. 재앙이 생길 것이다. 군사를 출정하면 마지막에 크게 패할 것이다. 나라의 군자에게 흉한 일이 될 것이니 앞으로 10년간 어려운 상황을 극복하지 못할 것이다.

25. 无妄무망
밭을 갈지 않으면 수확하지 못한다

[괘]   元亨 利貞 其匪正有眚 不利有攸往
       원 형 이 정 기 비 정 유 생 불 리 유 유 왕

크게 제사 지내고 음복했다.
순조로이 점을 쳐 천지신명께 물었다.
바르지 않으면 재앙이 생길 것이고 나랏일이 순조롭지 않을 것이다.

眚: 재앙 생

> ** 其匪正有眚기비정유생과 不利有攸往불리유유왕이 일종의 대구다.
>
> ** 往왕은 征정과 대비되는 글자로 늘 하는 나랏일을 한다는 뜻이다.
>
> ** 眚생은 눈에 생긴 병이란 뜻이다. 훗날 재앙이란 뜻으로 바뀌었다.

[초] **无妄 往吉**
　　무 망 왕 길

예상한 바가 아니어도 하고 있는 일이 길하다.

妄: 어지러울 망, 없을 망, 허탄할 망, 속일 망, 범상할 망

[이] **不耕獲 不菑畬 則利有攸往**
　　불 경 확 　불 치 여 　즉 이 유 유 왕

밭을 갈지 않으면 수확하지 못한다.
묵어서 잡초가 우거진 밭을 개간하여야 경작할 수 있는 밭이 된다.
그러하니 순조로이 계획에 따라 나랏일을 하여야 한다.

耕: 밭 갈 경

穫: 곡식 거둘 확

菑: 묵어서 잡초가 우거진 밭 치

畬: 잡초를 불살라 일군 밭 여, 개간한 지 이태 또는 세 해 지난 밭 여

> ** 밭을 갈아야 수확할 수 있다. 개간해야 경작하는 밭이 된다.

25. 无妄무망

[삼]   无妄之災 或繫之牛 行人之得 邑人之災
　　　　무 망 지 재　혹 계 지 우　행 인 지 득　읍 인 지 재

예상하지 못한 재앙이란 예를 들어 소를 매어 놓았는데, 도둑이 훔쳐 갈 때 소 주인이 당하는 재앙이다.

> ** 行人행인은 길 가는 사람으로 소도둑이다. 邑人읍인은 고을 사람으로 소 주인이다.

[사]   可貞 无咎
　　　　가 정　무 구

가능 불가능 여부를 점을 쳐 천지신명께 물으니 허물이 없다.

> ** 나랏일의 가능 불가능 여부를 점을 쳐 천지신명께 물으니 허물이 없다.

[오]   无妄之疾 勿藥有喜
　　　　무 망 지 질　물 약 유 희

예상하지 못한 병이 생겼으나 약을 쓰지 않아도 나았다.

> ** 无妄之疾무망지질 勿藥有喜물약유희는 중국어 발음으로 疾질과 喜희가 압운이다.

[상] **无妄行有眚 无攸利**
　　　무 망 행 유 생　무 유 리

예상하지 못한 일을 당하여 재앙이 생겼으니 순조로운 바가 없다.

> *** 25.无妄무망괘는
> [괘] 바르지 않으면 재앙이 생길 것이고 나랏일이 순조롭지 않을 것이다.
> [초] 예상한 바가 아니어도 하고 있는 일이 길하다.
> [이] 밭을 갈지 않으면 수확하지 못한다. 묵어서 잡초가 우거진 밭을 개간하여야 경작할 수 있는 밭이 된다.
> [삼] 예상하지 못한 재앙이란 예를 들어 소를 매어 놓았는데, 도둑이 훔쳐 갈 때 소 주인이 당하는 재앙이다.
> [사] 가능 불가능 여부를 점을 쳐 천지신명께 물으니 허물이 없다.
> [오] 예상하지 못한 병이 생겼으나 약을 쓰지 않아도 나았다.
> [상] 예상하지 못한 일을 당하여 재앙이 생겼으니 순조로운 바가 없다.

26. 大畜대축
말과 소, 돼지를 키우다

[괘] **利貞 不家食吉 利涉大川**
　　　이 정 불 가 식 길 이 섭 대 천

순조로이 점을 쳐 천지신명께 물었다.
제후에게 식읍으로 내리지 않는 것이 길하며 순조로이 이나라 수도를 옮겨야 한다.

> ** 수도를 옮길 후보지를 공로가 있는 제후나 신하에게 내리지 아니하고, 주도면밀한 계획에 의거하여 이나라 수도를 옮겨야 한다는 뜻이다.

> ** 家가는 食邑식읍으로 새긴다. 식읍은 채지, 채읍, 봉읍이라고도 하며 왕족, 공신, 대신에게 공로에 대한 특별 보상으로 주는 영지였다. 그 지역의 조세를 받게 하였고 대대로 상속되었다.

> ** 주나라 무왕 때 수도를 풍경에서 호경으로 옮겼으며, 성왕 때 주공이 낙읍에 새 수도를 건설하였다. 수도를 옮길 그 땅을 식읍으로 내리지 아니하고 수도의 기반시설로 조성하고자 한다는 뜻이다.

[초]　　**有厲利已**
　　　　　　유 려 이 이

위태로움이 있으면, 순조로이 미리 막아야 한다.

已: 그칠 이, 마칠 이, 버릴 이

> ＊＊利이는 순조로이, 주도면밀한 계획에 의거하여 등의 뜻으로 새긴다.

[이]　　**輿說輹**
　　　　　　여 탈 복

수레의 복토가 벗겨졌다.

輹: 굴대의 중앙에 놓여 차상과 굴대를 연결하는 물건 복

[삼]　　**良馬逐 利艱貞曰閑輿衛 利有攸往**
　　　　양 마 축　이 간 정 왈 한 여 위　이 유 유 왕

좋은 말은 잘 날뛴다.
순조로이 미래의 어려움에 대해 점을 쳐 천지신명께 물으니 점의 결과가 말하기를, 말을 길들여 수레를 잘 끌도록 해야 한다.
순조로이 나랏일을 한다.

26. 大畜대축

閑: 마구간의 문을 가로질러 막는 나무 한, 막을 한, 마구간 한

輿: 수레 여

衛: 막을 위, 지킬 위, 호위할 위

> ** 閑한은 말을 가두어 두는 마구간의 뜻이 있으므로, '날뛰는 좋은 말을 가두어 길들인다'로 새긴다. 말을 길들여 수레를 끌게 하는 나랏일을 기록하고 있다.

> ** 삼효는 말, 사효는 소, 오효는 돼지를 키우는 나랏일에 대해 기록하고 있다.

[사]   童牛之牿 元吉
       동 우 지 곡 원 길

송아지 머리에 뿔의 충돌을 방지하기 위한 나무를 설치하니 크게 길하다.

牿: 쇠뿔에 댄 나무 곡

> ** 童牛동우는 송아지이다.

> ** 제사에 쓸 소를 키우는 나랏일을 기록하고 있다.

133

[오]　豶豕之牙 吉
　　　분 시 지 아 길

거세한 돼지의 어금니이니, 길하다.

> *돼지의 어금니가 부딪혀 상하는 것을 방지하기 위해 돼지를 거세하니 길하다.

豶: 거세한 돼지 분
豕: 돼지 시

> **제사에 쓸 돼지를 키우는 나랏일을 기록하고 있다.

[상]　何天之衢 亨
　　　하 천 지 구 형

하늘의 도를 받든다. 제사 지내고 음복했다.

> *위로 하늘의 도를 받들고 아래로 땅의 도를 지킨다. 제사 지내고 음복했다.

衢: 네거리 구

> **何하는 荷하로 읽어야 한다. 메다, 짊어지다, 이다, 받들다, 라는 뜻이다.

26. 大畜대축

> ** 衢구는 네거리이므로 道도로 새긴다.

> *** 26.大畜대축괘는
> [괘] 제후에게 식읍으로 내리지 않는 것이 길하며 순조로이 이나라 수도를 옮겨야 한다.
> [초] 위태로움이 있으면, 순조로이 미리 막아야 한다.
> [이] 수레의 복토가 벗겨졌다.
> [삼] 좋은 말은 잘 날뛴다. 말을 길들여 수레를 잘 끌도록 해야 한다.
> [사] 송아지 머리에 나무를 설치하니 크게 길하다.
> [오] 거세한 돼지의 어금니이니 길하다.
> [상] 하늘의 도를 받든다. 제사 지내고 음복했다.

27. 頤이
걸출한 관상가가 출현하다

☲☳

[괘] **貞吉 觀頤 自求口實**
　　정 길 　관 이　 자 구 구 실

점을 쳐 천지신명께 물으니 길하다.
턱을 보고 저절로 입 안에 든 것을 알 수 있다.

頤: 턱 이, 턱 끄덕거릴 이
自: 스스로 자, 자연히 자, 저절로 자
求: 구할 구, 필요한 것을 찾을 구

> ** 頤이는 턱인데, 얼굴의 뺨 아래에 어금니가 있는 바깥 부위이다.

> ** 實실은 원래 열매, 먹는 음식물이란 뜻이다. 50.鼎정괘 이효 鼎有實정유실은 '솥 안에 음식물이 들어 있다'라는 뜻이다.

27. 頤이

> ** 턱을 보고 입 안에 든 것을 알 수 있다는 말은 얼굴과 턱을 보고 미래의 길흉을 점칠 수 있다는 말의 비유이다.

[초] **舍爾靈龜 觀我朵頤 凶**
사 이 영 귀 관 아 타 이 흉

너는 신령스런 거북을 내려놓고 나의 턱이 어떻게 움직이는지 보기만 하니, 기이하다.

舍: 놓을 사

靈: 신령 령(영)

龜: 1. 거북 귀

　　2. 거북 껍데기 귀

　　3. 거북 껍데기로 삼은 화폐 귀

　　4. 거북 껍데기를 지져 점칠 귀

朵: 나무가 휘늘어질 타, 턱 까불 타

> ** 凶흉은 기이하다, 로 새긴다.

> ** 기존의 점은 거북 등껍질을 불에 태워 그 갈라진 모양을 보고 미래의 길흉을 점치는 방식이었다. 어느 날 걸출한 관상가가 출현하여 값비싼 거북으로 점치는 일을 멈추고 사람의 얼굴과 턱의 움직임을 보고 길흉을 훤히 꿰뚫는 것을 기록하고 있다.

[이] **顚頤 拂經于丘頤 征凶**
전 이 불 경 우 구 이 정 흉

턱을 아래위로 움직이거나 뺨을 볼록하게 하여 좌우로 움직인다. 전혀 새로운 방식이므로 매우 기이하다.

> * 턱을 아래위로 움직이거나 뺨을 볼록하게 하여 좌우로 움직이는 모습을 보고 점을 치는 전혀 새로운 방식이므로 기이하다.

顚: 뒤집을 전, 뒤집힐 전, 거꾸로 할 전
拂: 떨칠 불
經: 지날 경
丘: 언덕 구

> ** 顚頤전이는 턱을 아래위로 움직이는 것이고, 拂經불경은 턱을 좌우로 움직이는 것이다.

> ** 丘頤구이는 음식이 입 안에 있어서 볼록한 모양의 턱이다.

> ** 征정은 기존의 방식을 바꾸다, 새로운 방법을 시도하다 등으로 새긴다. 거북 등껍질로 점을 치던 방식이 아니라 사람의 얼굴과 턱의 움직임을 보고 점을 치는 새로운 방식이다.

27. 頤이

[삼]   拂頤 貞凶 十年勿用 无攸利
          불 이 정 흉 십 년 물 용 무 유 리

턱을 좌우로 움직인다.
점을 쳐 천지신명께 물으니 흉하다.
지난 10년간 사용하지 않았으니, 순조로운 바가 없다.

> ** 十年勿用 无攸利 십년물용 무유리는 사람 턱의 움직임을 보고 점을 치는 방식은 과거에 사용하지 않던 방식이니 모두에게 생소하여 순조롭지 않다는 뜻이다. 점치는 방식이 기이하여 사람들이 아직 제대로 받아들이지 못하는 것이다.

[사]   顚頤 吉 虎視眈眈 其欲逐逐 无咎
          전 이 길 호 시 탐 탐 기 욕 축 축 무 구

턱을 아래위로 움직이면 길하다.
호랑이가 노려보고 달려들려 할지라도 허물이 없다.

眈: 노려볼 탐

逐: 쫓을 축, 뒤쫓아갈 축

[오] **拂經 居貞吉 不可涉大川**
　　　불 경　거 정 길　불 가 섭 대 천

턱을 좌우로 움직인다.
이곳에 계속 머무르는 문제에 대해 점을 쳐 천지신명께 물으니 길하고 이나라 수도를 옮기는 것이 가능하지 않다.

> ** 涉大川섭대천은 수도를 옮기는 일이다. 居거는 수도를 옮기지 않고 현재의 자리에 그대로 머무르는 것이다. 居貞거정은 수도를 옮기지 않고 현재의 자리에 머무르는 일에 대해 미래의 길흉을 점친 것이다.

[상] **由頤 厲吉 利涉大川**
　　　유 이　여 길　이 섭 대 천

자유자재로 턱을 움직이니 위태롭지만 길하다.
순조로이 이나라 수도를 옮겨야 한다.

由: 말미암을 유, 좇을 유

27. 頤이

*** 27頤이괘는
[괘] 턱을 보고 저절로 입 안에 든 것을 알 수 있다.
[초] 사람의 얼굴과 턱의 움직임을 보고 길흉을 훤히 꿰뚫는다.
[이] 턱을 아래위로 움직이거나 뺨을 볼록하게 하여 좌우로 움직인다. 전혀 새로운 방식이므로 매우 기이하다.
[삼] 턱을 좌우로 움직인다. 점을 쳐 천지신명께 물으니 흉하다.
[사] 턱을 아래위로 움직이면 길하다.
[오] 턱을 좌우로 움직인다. 이곳에 계속 머무르는 문제에 대해 점을 쳐 천지신명께 물으니 길하고 이나라 수도를 옮기는 일이 가능하지 않다.
[상] 자유자재로 턱을 움직이니 위태롭지만 길하다. 순조로이 이나라 수도를 옮겨야 한다.

28. 大過대과
용마루가 위로 솟아야 길하다

[괘] **棟橈 利有攸往 亨**
동 요 이 유 유 왕 형

용마루가 휘었다. 순조로이 나랏일을 한다.
제사 지내고 음복했다.

棟: 용마루 동
용마루: 지붕 가운데 부분에 있는 가장 높은 수평 마루
마루: 등성이를 이루는 지붕이나 산 따위의 꼭대기
橈: 굽은 나무 요, 굽힐 요, 꺾을 요

[초] **藉用白茅 无咎**
자 용 백 모 무 구

흰 띠로 지붕을 이었으니 허물이 없다.

28. 大過대과

藉: 깔 자, 깔개 자
茅: 띠 모, 볏과의 여러해살이풀

> ** 茅모는 茅屋모옥 또는 茅蓋모개로 새긴다. 藉用白茅자용백모
> 는 흰 띠로 지붕을 이었다는 뜻이다. 茅모는 지붕을 이
> 는 재료이다.

[이]   枯楊生稊 老夫得其女妻 无不利
       고 양 생 제 노 부 득 기 녀 처 무 불 리

마른 버드나무에 새순이 돋아나듯 늙은 남자가 젊은 여자를 아내로 삼는다. 순조롭지 않은 바가 없다.

稊: 싹 제, 움 제
老夫노부: 늙은 남자

> ** 稊제는 버드나무에 돋아나는 새순으로 새긴다.

[삼]   棟橈 凶
       동 요 흉

용마루가 휘니 흉하다.

143

[사] **棟隆 吉 有它吝**
동 륭 길 유 타 인

용마루가 위로 솟으면 길하지만, 그렇지 않으면 위태롭다.

隆: 풍성하게 클 륭, 높을 륭
它: 다를 타

[오] **枯楊生華 老婦得其士夫 无咎无譽**
고 양 생 화 노 부 득 기 사 부 무 구 무 예

마른 버드나무에 꽃이 피어나듯 늙은 여자가 젊은 남자를 남편으로 삼는다. 허물이 없고 자랑할 일도 없다.

華: 꽃 화
老婦노부: 늙은 여자
士夫사부: 젊은 남자

> ** 2.坤곤괘 사효에도 无咎无譽무구무예가 보인다.

> ** 이효의 마른 버드나무에 돋아나는 새순은 늙은 남자를 비유하고, 오효의 마른 버드나무에 피는 꽃은 늙은 여자를 비유한 점이 이채롭다.

28. 大過대과

[상]　　過涉滅頂 凶 无咎
　　　　과 섭 멸 정 흉 무 구

강을 건너는데 물이 깊어 머리가 잠겨 흉하나, 허물이 없다.

頂: 정수리 정, 머리 정

> *** 28.大過대과괘는
> [괘] 용마루가 휘었다.
> [초] 흰 띠로 지붕을 이었으니 허물이 없다.
> [이] 마른 버드나무에 새순이 돋아나듯 늙은 남자가 젊은
> 　　여자를 아내로 삼는다,
> [삼] 용마루가 휘니 흉하다.
> [사] 용마루가 위로 솟으면 길하지만, 그렇지 않으면 위태
> 　　롭다.
> [오] 마른 버드나무에 꽃이 피어나듯 늙은 여자가 젊은 남
> 　　자를 남편으로 삼는다.
> [상] 강을 건너는데 물이 깊어 머리가 잠겨 흉하나, 허물이
> 　　없다.

29. 坎감
감옥 속의 감옥으로 또 들어가다

䷜

[괘] **有孚 維心 亨 行有尙**
　　　유 부　유 심　형　행 유 상

천지신명이 보살피니 오직 한마음이다.
제사 지내고 음복했다. 나랏일을 하는 중에 도와주는 사람이 있었다.

維: 오직 유, 말 시작하는 말 유, 홀로 유(維유, 惟유, 唯유 세 자는 통한다.)
尙: 더할 상, 귀히 여길 상

> ** 尙상은 도와주는 사람으로 새긴다.

[초] **習坎 入于坎窞 凶**
　　　습 감　입 우 감 담　흉

거듭하여 구덩이가 있다.
구덩이 속의 구덩이로 또 들어가니 흉하다.

29. 坎감

習: 거듭 습
窞: 구덩이(坎中小坎감중소감) 담

> ** 구덩이는 감옥이다.

[이] **坎有險 求小得**
　　　　감 유 험　구 소 득

감옥의 구덩이는 위험하지만, 구해 줄 사람이 있으면 언젠가 나갈 날이 있으리라.

險: 험할 험, 깊을 험, 위태로울 험

[삼] **來之坎 坎險且枕 入于坎窞 勿用**
　　　　내 지 감　감 험 차 침　입 우 감 담　물 용

구덩이로 들어오니 구덩이는 험하고 또 나무로 막아 놓았다.
구덩이 속의 구덩이로 들어가니 나갈 수 없다.

枕: 수레 위에 가로 댄 나무 침

> ** 枕침을 죄인이 도망갈 수 없도록 가로 대어 막아 놓은 나무로 새긴다.

[사] **樽酒簋貳用缶 納約自牖 終无咎**
　　　　준 주 궤 이 용 부　납 약 자 유　종 무 구

술 한 단지, 밥 두 그릇, 물 한 장군을 줄로 드리워 감옥 위의 창을 열어 내려보내니 마지막에 허물이 없으리라.

樽: 술단지 준
簋궤: 나라의 제사에 기장쌀이나 핍쌀을 담던 祭器제기
缶: 장군 부. 물, 술, 간장 따위의 액체를 담아서 옮길 때에 쓰는 그릇
納: 들일 납
約: 노끈 약, 새끼 약
새끼: 주로 볏짚으로 꼬아 만든 줄
牖: 들어서 여는 창 유

[오] **坎不盈 祗旣平 无咎**
　　　감 불 영　지 기 평　무 구

구덩이가 흙으로 가득 차지 않고 바닥이 평평하니 허물이 없다.

祗: 바닥(底) 저

29. 坎감

[상] **係用徽纆 寘于叢棘 三歲不得 凶**
계 용 휘 묵 치 우 총 극 삼 세 부 득 흉

죄인을 서로 이어서 밧줄로 묶어 놓고 가시덤불이 우거져 있어 3년 동안 감옥에서 나가지 못하니 흉하다.

係: 이을 계, 맬 계

徽: 묶을 휘

纆: 노끈 묵

寘: 둘 치

叢: 더부룩할 총

棘: 가시 극

***29. 坎감괘는
[괘] 천지신명이 보살피니 오직 한마음이다.
[초] 거듭하여 구덩이가 있다. 구덩이 속의 구덩이로 또 들어가니 흉하다.
[이] 감옥의 구덩이는 위험하지만, 구해 줄 사람이 있으면 언젠가 감옥에서 나갈 날이 있으리라.
[삼] 구덩이로 들어오니 구덩이는 험하고 또 나무로 막아 놓았다. 구덩이 속의 구덩이로 들어가니 나갈 수 없다.
[사] 술 한 단지, 밥 두 그릇, 물 한 장군을 줄로 드리워 감옥 위의 창을 열어 내려보내니 마지막에 허물이 없으리라.
[오] 구덩이가 흙으로 가득 차지 않고 바닥이 평평하니 허물이 없다.
[상] 죄인을 서로 이어서 밧줄로 묶어 놓고 가시덤불이 우거져 있어 3년 동안 감옥에서 나가지 못하니 흉하다.

30. 離이
황혼에 장군을 두드리며 노래하다

䷝

[괘]　**利貞 亨 畜牝牛 吉**
　　　　이 정 형 축 빈 우 길

순조로이 점을 쳐 천지신명께 물었다.
제사 지내고 음복했다.
암소를 기르니 길하다.

畜: 기를 축
牝: 암컷 빈

[초]　**履錯然 敬之 无咎**
　　　　이 착 연 경 지 무 구

잘못 밟을까 봐 엄숙하게 길을 가니 허물이 없다.

錯: 섞일 착, 어지러워질 착
敬: 엄숙할 경

30. 離이

> ** 10.履이괘 사효가 履虎尾 愬愬 終吉 이호미 색색 종길인데, 7자로 같고 뜻도 비슷하다. 離이괘 초효는 애초에 10.履이괘 사효에 있던 것인데 훗날 분리되어 기록된 것으로 생각한다.

[이]　**黃離 元吉**
　　　황 리 원 길

황혼의 태양이니 크게 길하다.

> ** 離리는 태양으로 해석한다.

[삼]　**日昃之離 不鼓缶而歌 則大耋之嗟 凶**
　　　일 측 지 리 불 고 부 이 가 즉 대 질 지 차 흉

태양이 기울어 서쪽으로 넘어갈 때에 장군을 두드리며 노래하지 않으면 늙어서 한탄할 것이니 흉하다.

昃: 기울 측
鼓: 두드릴 고
缶: 장군 부. 물, 술, 간장 따위의 액체를 담아서 옮길 때에 쓰는 그릇
耋: 늙은이 질, 팔십 늙은이 질
嗟: 탄식할 차

> ** 8.比비괘 초효에 缶부가 보인다.

[사] 突如 其來如 焚如 死如 棄如
돌 여　기 래 여　분 여　사 여　기 여

갑작스럽게 닥치듯 그렇게 오듯 불타는 듯 죽은 듯 버림받은 듯.

> ** 갑작스러운 일몰을 인생에 비유하여 기록한 것이다. 석양이 불타는 듯 빛나다가 죽은 듯 버림받은 듯 갑자기 사라져 버리는 것을 표현했다.

[오] 出涕沱若 戚嗟若 吉
출 체 타 약　척 차 약　길

눈물 흘리며 우는 듯 슬프게 탄식하는 듯하나 길하다.

涕: 눈물 체
沱: 눈물 흘릴 타
戚: 슬퍼할 척
嗟: 탄식할 차

30. 離이

[상] 王用出征 有嘉 折首 獲匪其醜 无咎
왕 용 출 정 유 가 절 수 획 비 기 추 무 구

왕이 출정을 명하여 공이 있으면 포상할 것이다. 적의 우두머리를 베고 포로를 잡아올 것이니 허물이 없다.

嘉: 칭찬할 가
折: 꺾을 절
獲: 얻을 획, 사로잡을 획
醜: 더러울 추

*** 30.離이괘는
[괘] 암소를 기르니 길하다.
[초] 잘못 밟을까 봐 엄숙하게 길을 가니 허물이 없다.
[이] 황혼의 태양이니 크게 길하다.
[삼] 태양이 서쪽으로 넘어갈 때에 장군을 두드리며 노래 하지 않으면 늙어서 한탄할 것이니 흉하다.
[사] 갑작스럽게 닥치듯 그렇게 오듯 불타는 듯 죽은 듯 버림받은 듯
[오] 눈물 흘리며 우는 듯 슬프게 탄식하는 듯하나 길하다.
[상] 왕이 출정을 명하여 공이 있으면 포상할 것이다. 적의 우두머리를 베고 포로를 잡아올 것이니 허물이 없다.

하경
下經

31. 咸함
남녀가 사랑하다

[괘] **亨 利貞 取女吉**
　　　형 이정 취녀길

제사 지내고 음복했다.
순조로이 점을 쳐 천지신명께 물으니 장가들어야 길하다.

> ** 장가가다와 장가들다는 같은 의미이다. 남자가 결혼하여 한 여자의 남편이 된다는 의미인데, 咸함괘는 남녀의 성교를 남자 중심으로 기록하고 있다. 咸함은 같이 두루 널리 느끼는 것이다.

[초] **咸其拇**
　　　함 기 무

엄지발가락을 애무한다.

> * 그녀의 발을 애무한다.

31. 咸함

咸: 같을 함, 두루 함, 널리 함, 느낄 함
拇: 엄지손가락 무, 엄지발가락 무

> ** 拇무는 엄지발가락이며, 발로 새길 수 있다.

[이]　　**咸其腓 凶 居吉**
　　　　함 기 비 흉 거 길

그녀의 장딴지를 애무하니 흉하나 그곳에 머무르면 길하다.

> * 그녀의 장딴지를 애무하니 약간 괴상하지만, 계속하면 길하다.

腓: 장딴지 비

> ** 초효와 이효는 성교의 전희를 기록하고 있다.

[삼]　　**咸其股 執其隨 往吝**
　　　　함 기 고 집 기 수 왕 린

그녀의 넓적다리를 애무한다. 그녀의 움직이는 다리를 잡으니, 계속하면 유감스럽다.

> ** 넓적다리는 '다리에서 무릎 관절 위', 허벅다리는 '넓적다리의 윗부분'이고 허벅지는 '허벅다리 안쪽의 살이 깊은 곳'이다. 여기서 股고는 넓적다리이다.

> ** 남녀가 함께 달아오르고 있다. 남자가 애무하며 여자가 다리를 움직이는 것을 제어하며 잡는다.

[사]　**貞吉 悔亡 憧憧往來 朋從爾思**
　　　정길　회망　동동왕래　붕종이사

점을 쳐 천지신명께 물으니 길하다. 후회할 일은 없으리라.
일정하지 않게 급히 왔다 갔다 한다. 네 짝이 네 생각을 따른다.

悔: 한할 회, 후회할 회
憧: 뜻을 정하지 못할 동, 마음 움직일 동

> ** 성교의 격렬한 절정을 기록하고 있다.

[오]　**咸其脢 无悔**
　　　함기매　무회

그녀의 등을 애무한다. 후회가 없다.

脢: 등 매, 갈비곁살 매

31. 咸함

> ** 성교의 후회를 기록하고 있다. 절정의 순간이 지난 후 평화로운 모습이다.

[상] **咸其輔頰舌**
함 기 보 협 설

그녀의 뺨을 애무하고 입맞춤한다.

輔: 광대뼈 보
頰: 뺨 협
舌: 혀 설

> *** 31.咸함괘는
> [괘] 장가들어야 길하다.
> [초] 그녀의 발을 애무하고
> [이] 그녀의 장딴지를 애무하고
> [삼] 그녀의 넓적다리를 애무한다.
> [사] 일정하지 않게 급히 왔다 갔다 한다. 여자가 남자의 생각을 따른다.
> [오] 그녀의 등을 애무한다.
> [상] 그녀의 뺨을 애무하고 입맞춤한다.

32. 恆항
부인의 덕을 한결같이 지키다

[괘] **亨 无咎 利貞 利有攸往**
형 무구 이정 이유유왕

제사 지내고 음복했다. 허물이 없다.
순조로이 점을 쳐 천지신명께 물었다.
순조로이 나랏일을 한다.

[초] **浚恆 貞凶 无攸利**
준항 정흉 무유리

모름지기 한결같아야 한다. 점을 쳐 천지신명께 물으니 흉하고, 순조로운 바가 없다.

浚: 깊을 준, 공경할 준, 모름지기 준, 클 준, 엎드릴 준
恆: 항상 항, 늘 항

32. 恆항

> ** 모름지기 한결같아야 한다는 의미는 여자가 남자를 공경함에 모름지기 한결같아야 한다는 의미이다. 그리고, 貞凶 无攸利 정흉 무유리의 뜻을 새겨볼 때, 모름지기 한결같기는 매우 어렵다는 의미가 있다.

[이] 悔亡
       회 망

후회할 일은 없으리라.

悔: 뉘우칠 회
亡: 없을 망

> ** 悔회는 어떤 일이 생긴 후에 한탄하고 뉘우쳐서 미래에 그러한 일이 일어나지 않도록 하겠다는 뜻이다.

[삼] 不恆其德 或承之羞 貞吝
       불 항 기 덕 혹 승 지 수 정 린

그 덕을 한결같이 지키지 못함이란, 예를 들어 음식을 받드는 일이다. 점을 쳐 천지신명께 물으니 위태롭다.

羞: 음식 수

> ** 여자가 남자를 공경함에 음식을 받드는 일은 한결같이 지키기가 매우 어렵다는 뜻이다.

[사]　**田无禽**
　　　전 무 금

사냥을 나갔으나 짐승을 잡지 못했다.

田: 사냥할 전
禽: 새 금, 사로잡을 금

[오]　**恆其德 貞婦人吉 夫子凶**
　　　항 기 덕 정 부 인 길 부 자 흉

그 덕을 한결같이 지켜야 한다.
점을 쳐 천지신명께 물으니, 부인은 길하고 남편은 흉하다.

> ** 夫子부자는 남편으로 새긴다.

[상]　**振恆 凶**
　　　진 항 흉

한결같음을 움직이면 흉하다.

> * 그 덕을 한결같이 지키지 않으면 흉하다.

振: 움직일(動) 진

32. 恒항

> ** 振진은 움직이다, 벗어나다, 의 뜻으로 해석한다. 한결같
> 음을 움직이면 > 벗어나면 > 지키지 않으면, 흉하다.

> *** 32.恒항괘는
> [괘] 제사 지내고 음복했다. 허물이 없다. 순조로이 점을 쳐
> 천지신명께 물었다. 순조로이 나랏일을 한다.
> [초] 모름지기 한결같아야 한다.
> [이] 후회할 일은 없으리라.
> [삼] 그 덕을 한결같이 지키지 못함이란, 예를 들어 음식을
> 받드는 일이다.
> [사] 사냥을 나갔으나 짐승을 잡지 못했다.
> [오] 그 덕을 한결같이 지켜야 한다. 점을 쳐 천지신명께
> 물으니, 부인은 길하고 남편은 흉하다.
> [상] 그 덕을 한결같이 지키지 않으면 흉하다.

33. 遯둔
돼지가 경사스럽게 무럭무럭 자라다

[괘] **亨小 利貞**
형 소 이 정

작게 제사 지내고 음복했다.
순조로이 점을 쳐 천지신명께 물었다.

> ** 遯둔은 도망할 둔, 달아날 둔이며, 隱遁은둔, 隱遯은둔 등의 뜻으로 해석해 왔으나, 달아나다, 숨다, 피하다, 도망하다, 회피하다, 의 뜻으로 해석하면 효사의 문맥이 전혀 통하지 않는다.
> 그래서 遯둔은 豚돈 즉 돼지 또는 새끼돼지로 새겨야 한다.

[초] **遯尾 厲 勿用有攸往**
둔 미 려 물 용 유 유 왕

돼지꼬리이니 위태롭다. 나랏일에 쓰지 못한다.

> ** 遯尾둔미를 豚尾돈미로 새긴다.

33. 遯돈

> ** 돼지가 작아서 아직 새끼 돼지이다. 잘 자랄지 아직 모르니 위태롭다.

> ** 이제 막 갓 낳은 새끼돼지이니 勿用물용인데 식용으로 쓸 수 없고, 제사에 犧牲희생으로 쓸 수도 없다.

[이] **執之用黃牛之革 莫之勝說**
집 지 용 황 우 지 혁   막 지 승 탈

황소 가죽으로 묶으니 벗어나지 못한다.

> * 황소 가죽으로 만든 끈으로 묶어 우리에 가두어 놓았으니, 돼지가 벗어나 도망가지 못한다.

執: 잡을 집
勝: 이길 승
說: 벗어날 탈

[삼] **係遯 有疾厲 畜臣妾吉**
계 둔   유 질 려   축 신 첩 길

돼지가 이어서 불어나니 병이 들면 위험하다.
남자 노비와 여자 노비가 돼지를 잘 길러야 길하다.

> * 돼지가 무럭무럭 잘 자라고 있으며, 새끼를 쳐서 계속 불어나니 돼지가 병이 들면 위험하다. 남자 노비와 여자 노비가 돼지를 잘 길러야 길하다.

係: 이을 계

> ** 係遯계둔을 係豚계돈으로 새긴다. 초효의 돼지가 무럭무럭 자라고 있다. 돼지의 임신 기간은 평균 115일이다. 새끼를 쳐서 불어난다. 係계는 연이어 불어난다는 뜻으로 새긴다.

> ** 臣妾신첩에서, 臣신은 남자 노비, 妾첩은 여자 노비이다.

[사] 好遯 君子吉 小人否
호 둔 군 자 길 소 인 비

아름다운 돼지이다.
군자에게 길하고, 소인은 그렇지 않다.

好: 아름다울 호, 좋을 호

> ** 好遯호둔을 好豚호돈으로 새긴다. 돼지가 아름답고 사랑스럽게 자랐다. 소인은 돼지를 키우는 하인으로 새긴다. 돼지가 불어나 잘 자라니 군자에게 길하지만 소인은 할 일이 많아진다.

33. 遯둔

[오]　　**嘉遯 貞吉**
　　　　가　둔　정　길

경사스러운 돼지이다.
점을 쳐 천지신명께 물으니 길하다.

嘉: 경사스러울 가

> ** 嘉遯가둔을 嘉豚가돈으로 새긴다. 아름답고 경사스러운
> 돼지이다. 제사에 犧牲희생으로 쓸 수 있는 돼지이다.

[상]　　**肥遯 无不利**
　　　　비　둔　무　불　리

살찐 돼지이다. 순조롭지 않음이 없다.

> ** 肥遯비둔을 肥豚비돈으로 새긴다. 돼지가 통통하게 살이
> 쪘다. 제사에 희생으로 쓰기에 알맞은 살찐 돼지이다.

***33.遯둔괘는
[괘] 작은 일에 대해 순조로이 점을 쳐 천지신명께 물었다.
[초] 새끼돼지를 제사에 희생으로 쓰기 위해
[이] 잘 가두어 달아나지 못하게 하고
[삼] 돼지가 계속 번식하여
[사] 잘 자라며
[오] 제사에 쓸 수 있는 돼지로 키워
[상] 살찐 돼지가 되었다.

34. 大壯대장
물러날 수 없고 나아갈 수도 없다

[괘] **利貞**
　　이 정

순조로이 점을 쳐 천지신명께 물었다.

[초] **壯于趾 征凶 有孚**
　　장 우 지　정 흉　유 부

발이 튼튼하다. 정벌하러 가면 매우 어려울 것이나 천지신명이 보살필 것이다.

> * 우리 군대가 강하다. 그러하여도 정벌하러 가면 매우 어려울 것이나, 천지신명이 보살필 것이다.

壯: 장대할 장, 굳셀 장, 성할 장
趾: 발 지

> ** 趾지는 발이란 뜻이고, 넓적다리 아래 부분을 뜻하기도 하므로, 다리로 해석할 수 있다. 군대에 비유하면 선봉대로 새길 수 있다.

[이]　貞吉
　　　　정 길

점을 쳐 천지신명께 물으니 길하다.

[삼]　小人用壯 君子用罔
　　　　소인용장　군자용망

　　　貞厲 羝羊觸藩 羸其角
　　　정려　저양촉번　이기각

소인은 신체가 건장하고 군자는 그렇지 않다.
점을 쳐 천지신명께 물으니 위험하다.
숫양이 울타리를 들이받아 그 뿔이 걸려 얽히어 괴롭다.

罔: 그물 망, 없을 망, 말(勿) 망
羝: 숫양 저
藩: 울타리 번
羸: 얽히어 괴로울 이, 앓을 이, 뒤집을 이, 엎칠 이, 지칠 이, 고달플 이, 피곤할 이

34. 大壯대장

[사]   貞吉 悔亡 藩決不羸壯于大輿之輹
         정 길 회 망 번 결 불 이 장 우 대 여 지 복

점을 쳐 천지신명께 물으니 길하다.
뉘우칠 일은 없으리라.
숫양이 울타리를 들이받아 끊으려 할 때 그 뿔이 수레의 복토처럼
튼튼하므로 걸려 얽히지 않는다.

決: 이빨로 물어 끊을 결, 끊을 결
輿: 수레 바탕 여, 수레 여, 천자가 타는 수레 여, 수레 위의 사람이 타거
    나 물건을 싣는 곳 여
輹: 굴대의 중앙에 놓여 차상과 굴대를 연결하는 물건 복

[오]   喪羊于易 无悔
         상 양 우 역 무 회

易水_{역수} 유역에서 왕해가 有易氏_{유역씨}에게 양과 소를 잃은 고사처럼
후회가 없다.

> ** 易역은 중국 하북성 易水_{역수} 유역을 가리키는 땅 이름,
> 또는 옛날 역수 유역에 살던 오랑캐 종족 중에서 有易
> 氏_{유역씨}를 말한다.

> ** 喪羊于易상양우역의 고사는 왕해가 유역씨에게 양과 소를 빼앗겨 잃었으나, 왕해의 아들이 유역씨를 멸망시키고 원수를 갚은 일이다. 56.旅여괘 상효에 喪牛于易상우우역 이 보이는데, 상양우역과 같은 말이다.

[상] **羝羊觸藩 不能退 不能遂 无攸利 艱則吉**
저 양 축 번 불 능 퇴 불 능 수 무 유 리 간 즉 길

숫양이 울타리를 들이받아 물러날 수 없고 나아갈 수도 없으니 순조로운 바가 없어 어렵지만 길하다.

遂: 나아갈 수, 전진할 수
艱: 어려울 간

> *** 34.大壯대장괘는
> [괘] 순조로이 점을 쳐 천지신명께 물었다.
> [초] 숫양의 다리가 튼튼하다.
> [이] 점을 쳐 천지신명께 물으니 길하다.
> [삼] 숫양이 울타리를 들이받아 뿔이 얽히어 괴롭다.
> [사] 숫양의 뿔이 튼튼하므로 울타리에 걸려 얽히지 않는다.
> [오] 상양우역의 고사처럼 후회가 없다.
> [상] 숫양이 울타리를 들이받아 물러날 수 없고 나아갈 수도 없으니 순조로운 바가 없어 어렵지만 길하다.

35. 晉진
말에 올라 성읍을 정벌하다

[괘]　**康侯用錫馬蕃庶 晝日三接**
　　　　강 후 용 석 마 번 서　주 일 삼 접

강후가 하사받은 말을 여러 마리로 번식시키고,
하루에 세 번 교접시킨다.

錫: 줄(賜) 석, 천자가 공로 있는 신하에게 하사하는 물건 석
蕃: 불어날 번, 늘어날 번, 많을 번
庶: 뭇 서, 여럿 서, 무리 서

> ** 康侯강후는 주나라 무왕의 동생이며 康叔강숙 또는 衛康叔위강숙으로 불린다. 처음 康강 지역에 제후로 봉해졌으므로 康侯강후라 하였는데, 나중에 衛위 지역에 제후로 봉해졌다.

[초]　晉如 摧如 貞吉 罔孚裕 无咎
　　　 진여　취여　정길　망부유　무구

나아갔다가 물러난다.
점을 쳐 천지신명께 물으니 길하다.
제후국이 넉넉하지 않다.
허물이 없다.

摧: 물러날(退) 취

罔: 없을 망

> ** 孚부는 제후국으로 새긴다.

> ** 晉진은 日일 부수로 설문해자에 晉 進也 日出萬物進 진진야 일출 만물진이라 하였다. '晉진은 나아가는 것이다. 해가 떠오르면 만물이 나아간다'는 의미이다. 만물이 세상에 밝게 드러난다는 뜻이다.

[이]　晉如 愁如 貞吉 受茲介福于其王母
　　　 진여　수여　정길　수자개복우기왕모

나아가는 것은 근심스러운 일이다.
점을 쳐 천지신명께 물으니 길하다.
할머니로부터 이렇게 큰 복을 받았다.

茲: 이(此) 자
介: 클 개
王母(왕모): 할머니

[삼]　**衆允 悔亡**
　　　중 윤 　회 망

많은 사람이 옳게 여기니 후회할 일은 없으리라.

衆: 무리 중, 여럿 중
允: 믿을 윤, 옳게 여길 윤

> ** 많은 사람이 나를 믿고 나를 옳다고 여긴다. 나를 지지하고 있다.

[사]　**晉如鼫鼠 貞厲**
　　　진 여 석 서　정 려

날다람쥐처럼 나아간다.
점을 쳐 천지신명께 물으니 위태롭다.

鼫: 날다람쥐 석
鼠: 쥐 서

> ** 날다람쥐는 앞다리와 뒷다리 사이에 피부로 연결되어 날개 역할을 하는 비막을 펼쳐 하늘을 난다. 그러나, 새처럼 완전한 날개는 아니어서 오랜 시간 날 수는 없다. 晉如鼫鼠진여석서는 나아가는 듯하지만 얼마 못 가서 멈출 수밖에 없다는 뜻이다.

[오] 悔亡 失得勿恤 往吉无不利
       회 망 실 득 물 휼 왕 길 무 불 리

뉘우칠 일은 없으리라.
득실을 근심하지 않는다.
나랏일을 해 오던 대로 하면 길하여 순조롭지 않음이 없다.

恤: 근심할 휼

[상] 晉其角 維用伐邑 厲吉无咎 貞吝
       진 기 각 유 용 벌 읍 여 길 무 구 정 린

어느 한 지역으로 나아가 말에 올라 성읍을 정벌한다.
위태롭지만 길하고 허물이 없다.
점을 쳐 천지신명께 물으니 유감스럽다.

角: 구석 각, 모퉁이 각
維: 말고삐 유

35. 晉진

** 角각을 모퉁이, 어느 한 지역으로 새긴다.
晉其角진기각은 어느 한 지역을 먼저 점령하여, 維用伐邑유용벌읍은 말고삐를 잡고 말에 올라 성읍을 정벌한다, 로 새긴다.

*** 35.晉진괘는
[괘] 강후가 하사받은 말을 여러 마리로 번식시키고, 하루에 세 번 교접시킨다.
[초] 나아갔다가 물러난다. 제후국이 넉넉하지 않다.
[이] 나아가는 것은 근심스러운 일이다.
[삼] 많은 사람이 옳게 여기니 후회할 일은 없으리라.
[사] 날다람쥐처럼 나아간다.
[오] 뉘우칠 일은 없으리라. 득실을 근심하지 않는다. 나랏일을 해 오던 대로 하면 길하여 순조롭지 않음이 없다.
[상] 어느 한 지역으로 나아가 말에 올라 성읍을 정벌한다.

36. 明夷명이
겨울 사냥을 나가 괴수를 사로잡다

[괘]　利艱貞
　　　　이 간 정

순조로이 미래의 어려움에 대해 점을 쳐 천지신명께 물었다.

[초]　明夷于飛 垂其翼 君子于行
　　　명이우비　수기익　군자우행

　　　三日不食 有攸往主人有言
　　　삼일불식　유유왕주인유언

달이 떠올라 날개를 드리운다.
군자가 길을 가며 3일간 음식을 먹지 못했다.
도중에 선왕이 군자의 꿈속에 나타나 말을 했다.

垂: 드리울 수
翼: 날개 익

36. 明夷명이

> ** 明夷명이는 달이다. 明夷명이괘는 어느 겨울 음력 25일에서 그믐경 하현달이 떠 있을 때 군대가 행군하는 것을 기록했다.

> ** 于飛우비는 시경에 자주 보이는데 날짐승이 날아가는 모습을 표현하는 말이다. 하현달을 날짐승에 비유한 것이다.

> ** 하현달은 왼쪽이 밝고 오른쪽은 어둡다. 어두운 쪽이 날개를 드리운 것이다.

> ** 明夷于飛 垂其翼명이우비 수기익과 君子于行 三日不食군자우행 삼일불식이 글자 수는 다르지만 대구이고 翼익과 食식이 압운이다.

> ** 군자가 길을 나선 것은 전쟁 상황이다. 主人有言주인유언은 죽은 선왕이 군자의 꿈속에 나타나 말을 한 것으로 풀이한다.

[이] **明夷 夷于左股 用拯馬壯 吉**
명이 이우좌고 용증마장 길

달이 왼쪽 다리를 펼쳤다.
힘센 말을 이끌고 가니 길하다.

> * 하현달이 하늘에 떠 있을 때 잘 훈련된 말을 타고 군대가 행군하니 길하다.

夷: 베풀(陣) 이
陣신: 늘어놓다, 벌려놓다

> **하현달은 왼쪽이 밝으니 왼쪽 다리를 펼친 것으로 표현했다.

> ** 拯증은 援원과 같은 뜻이다. 당기다, 이끌다, 라는 의미이다.

> ** 59.渙환괘 초효에 用拯馬壯 吉 용증마장 길이 보인다.

[삼] 明夷于南 狩得其大首 不可疾貞
명이우남 수득기대수 불가질정

하현달이 남쪽 하늘에 떠 있을 때 겨울 사냥을 나가 괴수를 사로잡았다.
급히 점을 쳐 천지신명께 물을 수 없다.

狩: 겨울에 짐승을 몰이하여 잡을 수
首: 괴수 수
疾: 빠를 질

> ** 어느 겨울 하현달이 남쪽 하늘에 떠 있는 새벽에 사냥을 나가 괴수를 사로잡았다는 것은 겨울에 군사를 일으켜 적군의 우두머리를 사로잡고 적을 정벌했다는 뜻이다.

[사] 入于左腹 獲明夷之心 于出門庭
입우좌복 획명이지심 우출문정

문 앞 뜰에 나섰을 때 어둠이 달의 왼쪽 배로 들어가 중심을 사로잡았다.

36. 明夷명이

> ** 하현달이 음력 26일경이 되면 중심과 오른쪽이 어두워져 밝은 쪽은 왼쪽 끝만 남게 되고 달의 중심은 보이지 않는다. 달이 왼쪽으로 점점 어두워져 완전히 암흑으로 변해 가는 모양을 표현했다.

[오] **箕子之明夷 利貞**
기 자 지 명 이   이 정

기자의 명이다.
순조로이 점을 쳐 천지신명께 물었다.

> ** 箕子기자는 은나라 마지막 왕인 주왕의 숙부다. 주왕의 폭정으로 기자가 노비가 되었을 때를 캄캄한 그믐밤에 비유했다.

[상] **不明 晦 初登于天 後入于地**
불 명 회 초 등 우 천   후 입 우 지

어둡다.
그믐이다.
달이 처음에 하늘에 떠올랐으나 곧 땅으로 들어갔다.

晦: 그믐 회, 어두울 회

> ** 어두운 그믐이다. 그믐달이 처음 하늘에 떠올랐으나, 곧 달이 져서 보이지 않는다. 캄캄한 그믐밤이다.

*** 36.明夷명이괘는
[괘] 순조로이 미래의 어려움에 대해 점을 쳐 천지신명께 물었다.
[초] 달이 떠올라 날개를 드리운다.
[이] 하현달이 하늘에 떠 있을 때 잘 훈련된 말을 타고 군대가 행군하니 길하다.
[삼] 하현달이 남쪽 하늘에 떠 있을 때 겨울 사냥을 나가 괴수를 사로잡았다.
[사] 달이 왼쪽으로 점점 어두워져 완전히 암흑으로 변했다.
[오] 기자가 노비가 되었을 때는 암흑 같은 상황이었다.
[상] 달이 처음에 하늘에 떠올랐으나 곧 땅으로 들어갔다.

37. 家人가인
부유한 식읍이니 크게 길하다

[괘] **利女貞**
　　　이 녀 정

순조로이 여자에 대해 점을 쳐 천지신명께 물었다.

[초] **閑有家 悔亡**
　　　한 유 가 　회 망

식읍을 잘 다스린다.
후회할 일은 없으리라.

> ** 閑한은 길들고 익숙해진 것이다.

> ** 시경 秦風진풍 駟驖사철
> 遊于北園 유우북원 四馬旣閑 사마기한
> 북쪽 동산에 노니는 네 필의 말이 발걸음도 익숙하다.

> ** 家가는 食邑식읍을 뜻한다. 식읍은 채읍, 채지, 봉읍이라고도 하며 나라에서 공신이나 왕족, 대신들에게 내리던 토지이다. 그 지역의 조세를 받고 봉작과 함께 대대로 상속되었다. 소유권은 나라에 있으나 식읍을 받은 공신이 조세와 함께 노동력을 징발할 수 있었다.

[이]　无攸遂 在中饋 貞吉
　　　무 유 수 재 중 궤 정 길

찾을 필요 없이 먹는 것에 있다.
점을 쳐 천지신명께 물으니 길하다.

饋: 먹일 궤

> ** 家가 즉 식읍에 있어 가장 중요한 것은 다른 곳에서 찾을 필요 없이 백성이 먹고사는 문제이다.

[삼]　家人嗃嗃 悔厲 吉 婦子嘻嘻 終吝
　　　가 인 학 학 회 려 길 부 자 희 희 종 린

식읍의 사람들을 엄하게 꾸짖으면 후회스럽고 위험하나 길하다.
부인과 아이들이 서로 화락하게 즐거우면 마지막엔 유감스럽다.

嗃: 엄혹할 학, 엄하게 꾸짖을 학
嘻: 화락한 소리 희

37. 家人가인

[사]　**富家 大吉**
　　　　부 가　대 길

부유한 식읍이니 크게 길하다.

[오]　**王假有家 勿恤 往吉**
　　　왕 격 유 가　물 휼　왕 길

왕이 식읍에 오시니 걱정할 것 없이 이대로 매우 길하다.

假: 이를(至) 격
恤: 근심할 휼

[상]　**有孚威如 終吉**
　　　　유 부 위 여　종 길

천지신명이 보살피니 위엄이 있어야 마지막에 길하다.

> ** 有孚유부는 천지신명이 보살피니, 천지신명이 굽어보니,
> 로 새긴다.

*** 37.家人가인괘는
[괘] 순조로이 여자에 대해 점을 쳐 천지신명께 물었다.
[초] 식읍을 잘 다스린다.
[이] 식읍에 있어 가장 중요한 것은 다른 곳에서 찾을 필요 없이 백성이 먹고사는 문제이다.
[삼] 식읍의 사람들을 엄하게 꾸짖으면 후회스럽고 위험하나 길하다.
[사] 부유한 식읍이니 크게 길하다.
[오] 왕이 식읍에 오시니 걱정할 것 없이 이대로 매우 길하다.
[상] 천지신명이 보살피니 위엄이 있어야 마지막에 길하다.

38. 睽규
말 도둑을 잡아 코를 베는 형벌에 처하다

[괘]　小事吉
　　　소 사 길

작은 일이 길하다.

[초]　悔亡 喪馬勿逐自復 見惡人 无咎
　　　회망　상마물축자복　견악인　무구

후회할 일은 없으리라.
말을 잃어버렸으나, 쫓아가지 않았는데, 말이 돌아왔다.
악인을 만났으니, 허물이 없다.

> ** 악인은 말 도둑이다. 쫓아가지 않아도 말이 돌아왔다. 말을 찾고 말 도둑인 악인을 사로잡았으니 허물이 없다.

[이]　遇主于巷 无咎
　　　　우 주 우 항　무 구

주인을 거리에서 만났으니 허물이 없다.

巷: 골목 항, 거리 항, 마을 항

> ** 초효의 악인인 도둑이 말을 훔쳐 가다가 거리에서 말 주인을 맞닥뜨린 것이다. 그러니, 말 주인은 도둑을 잡아 허물이 없다.

[삼]　見輿曳 其牛掣 其人天且劓 无初有終
　　　견 여 예 기 우 체　기 인 천 차 의　무 초 유 종

수레를 끄는 것을 보는데, 소가 끈다.
그 말 도둑은 머리를 깎는 형벌과 코를 베는 형벌을 받았으니,
말 주인에게 시작은 좋지 않았으나 끝은 좋다.

曳: 끌 예, 끌어당길 예

掣: 끌 체, 끌어당길 체

天천: 髡刑곤형, 머리를 깎는 형벌

且: 또 차

劓: 코 벨 의

髡: 머리 깎을 곤

38. 睽규

> ** 말 도둑이 髡刑곤형과 劓刑의형의 형벌을 받은 것을 기록하고 있다.

> ** 주례에 殺刑살형 이외에 다섯 가지 형벌이 있는데, 이마에 글자를 새기는 墨刑묵형, 코를 베는 劓刑의형, 남자를 거세하는 宮刑궁형, 발뒤꿈치를 자르는 刖刑월형, 머리카락을 깎는 髡刑곤형이다.

> ** 見輿曳 견여예 其牛掣 기우체가 압운이다.

[사]　睽孤 遇元夫 交孚 厲无咎
　　　 규 고　우 원 부　교 부　여 무 구

일그러진 얼굴에 혼자 있는 모습이다.
元夫원부가 죄인을 처벌하니 위태롭지만 허물은 없다.

睽: 눈 흘길 규, 어그러질 규

孤: 홀로 고

> ** 睽孤규고는 초효의 악인인 말 도둑이 형벌을 받은 참혹한 모습이다. 일그러진 얼굴에 혼자 있는 모습이다.

> ** 주례 夏官司馬하관사마에 馭夫어부, 秋官司寇추관사구에 行夫행부 등의 벼슬 이름이 있는 것으로 보아 元夫원부를 형벌을 집행하는 하급 관리로 새긴다. 髡刑곤형의 髡곤은 髡곤과 같은 자이며, 髡곤에 元원이 들어 있다.

[오]　悔亡 厥宗噬膚 往何咎
　　　회망 궐종서부 왕하구

뉘우칠 일은 없으리라.
율령대로 죄인의 살을 베어 내니 이대로 하면 무슨 허물이 있겠는가.

厥: 그 궐
宗: 마루 종, 밑(本) 종

> ** 宗종은 율령으로 새긴다. 머리를 깎고 코를 베는 형벌을 집행하여 죄인의 살을 베어 내는데 이대로 하는 것이 무슨 허물이 있겠는가?

> ** 噬膚서부는 21.噬嗑서합괘 이효에도 나오는데 살을 베어 낸다는 뜻이다.

[상]　睽孤 見豕負塗 載鬼一車 先張之弧
　　　규고 견시부도 재귀일거 선장지호

　　　後說之弧 匪寇婚媾 往遇雨則吉
　　　후탈지호 비구혼구 왕우우즉길

일그러진 얼굴에 혼자 있는 모습이다. 진흙투성이 돼지나 귀신 같은 몰골의 죄인을 수레에 싣고 간다. 먼저 나무 활을 당겨 쏘려고 하다가 나중에 나무 활을 내려놓는다.
예물이 매우 많은 혼인예식은 아니니 가다가 비를 만나도 길하리라.

38. 睽규

豕: 돼지 시

負: 짐을 질 부, 떠맡을 부

塗: 진흙 도, 바를 도, 더럽힐 도

張: 펼칠 장

弧: 나무 활 호, 기 당기는 활 호

說: 벗을 탈

** 匪寇婚媾 往遇雨則吉 비구혼구 왕우우즉길은 주역 원문 편집 과정 중 혼인예식을 기록한 3.屯준괘 사효 또는 상효에서 떨어져 나온 것으로 생각한다.

*** 38.睽규괘는
[괘] 작은 일이 길하다.
[초] 말을 잃어버렸으나 말을 찾았는데
[이] 말 도둑을 길에서 잡았다.
[삼] 말 도둑인 죄인을 형벌에 처하여
[사] 죄인의 참혹한 모습이며
[오] 신체형을 집행함에 허물은 없다.
[상] 진흙투성이 돼지나 귀신 같은 몰골의 죄인을 수레에 싣고 간다.

39. 蹇건
어렵게 가서 자랑스럽게 돌아오다

䷦

[괘] **利西南 不利東北 利見大人 貞吉**
이 서 남 불 리 동 북 이 견 대 인 정 길

순조로이 서남쪽으로 가야 하며 동북쪽으로 가면 순조롭지 않다.
순조로이 대인을 만났다.
점을 쳐 천지신명께 물으니 길하다,

> ** 利見大人이견대인은 예를 갖추어 대인을 만나다, 순조로 이 대인을 만나다, 의 의미로 새긴다.

[초] **往蹇來譽**
왕 건 내 예

다리를 절며 가서 칭찬을 받으며 돌아온다.

> * 어렵게 가서 자랑스럽게 돌아온다.

39. 蹇건

蹇: 발 절 건, 절뚝발이 건
譽: 기릴 예, 칭찬할 예

[이]　**王臣蹇蹇 匪躬之故**
　　　　왕 신 건 건　비 궁 지 고

왕과 신하가 어렵고 어려운 것은 몸이 어려운 까닭이 아니다.

躬: 몸 궁
故: 까닭 고

> ** 왕과 신하가 마음도 괴로우며 지금만 어려운 것이 아니라 항상 어렵다는 의미로 새긴다.

[삼]　**往蹇來反**
　　　　왕 건 내 번

어렵게 가서 어렵게 돌아온다.

反: 어려울 번

> ** 蹇건과 反번이 비슷한 뜻이다.

[사]　　**往蹇來連**
　　　　　왕 건 내 연

어렵게 가서 더디게 돌아온다.

連: 어려울 연, 더딜 연

> ** 連연은 難난, 遲久지구의 뜻이다. 蹇건과 連연이 비슷한 뜻이다.

[오]　　**大蹇朋來**
　　　　　대 건 붕 래

매우 어려웠으나 재물이 생겼다.

朋붕: 재물

[상]　　**往蹇來碩 吉 利見大人**
　　　　　왕 건 내 석　길　이 견 대 인

**어렵게 가서 충실하게 돌아오니 길하다.
순조로이 대인을 만났다.**

> * 어렵게 가서 성과와 수확을 거두고 충실하게 돌아오니 길하다. 예를 갖추어 대인을 만났다.

39. 蹇건

碩: 클 석, 충실할 석

> *** 39.蹇건괘는
> [괘] 순조로이 서남쪽으로 가야 하며 동북쪽으로 가면 순조롭지 않다.
> [초] 어렵게 가서 자랑스럽게 돌아온다.
> [이] 왕과 신하가 어렵고 어려운 것은 몸이 어려운 까닭이 아니다.
> [삼] 어렵게 가서 어렵게 돌아온다.
> [사] 어렵게 가서 더디게 돌아온다.
> [오] 매우 어려웠으나 재물이 생겼다.
> [상] 어렵게 가서 충실하게 돌아오니 길하다. 순조로이 대인을 만났다.

40. 解해
사냥을 나가 많은 짐승을 잡아 와 풀어놓다

☷☳

[괘] **利西南 无所往其來復 吉 有攸往 夙吉**
　　　 이 서 남　무 소 왕 기 래 복　길　유 유 왕　숙 길

서남쪽이 순조롭다. 내가 가지 않고 상대방이 갔다 돌아오면 길하다. 가면 일찍 가는 것이 길하다.

復: 돌아올 복, 심부름 갔다 올 복
夙: 일찍 숙

[초] **无咎**
　　　 무 구

허물이 없다.

[이] **田獲三狐 得黃矢 貞吉**
　　　 전 획 삼 호　득 황 시　정 길

40. 解해

사냥을 나가 황색 화살로 여우 세 마리를 잡았다.
점을 쳐 천지신명께 물으니 길하다.

田: 사냥할 전

[삼] **負且乘 致寇至 貞吝**
　　　　부 차 승　치 구 지　정 린

등에 지고 수레에 싣고 사냥을 나가 잡은 짐승을 많이 가져왔다.
점을 쳐 천지신명께 물으니 유감스럽다.

負: 질 부, 짐질 부
乘: 탈 승, 수레 승
致: 이를 치, 불러올 치, 들일 치
至: 이를 지, 지극할 지

[사] **解而拇 朋至斯孚**
　　　　해 이 무　봉 지 사 부

풀어놓아 발을 버둥거리니, 잡아 온 짐승은 재물이 들어온 것이다.

> *묶어 놓았던 짐승을 풀어놓으니 발을 버둥거린다. 사냥을 나가 잡아 온 짐승은 곧 재물이 들어온 것이다.

斯: 이(此) 사

> ** 孚부는 사냥을 나가 잡아 온 짐승으로 새긴다.

[오] **君子維有解 吉 有孚于小人**
    군 자 유 유 해 길 유 부 우 소 인

군자가 풀어놓은 짐승을 보러 오니 길하다.
짐승을 젊은 사람에게 주었다.

> ** 維유는 唯유, 惟유와 함께 '홀로 유'로 새긴다. 孚부는 풀어
> 놓은 짐승, 小人소인은 젊은 사람 또는 하급 관리로 새긴다.

[상] **公用射隼于高墉之上 獲之 无不利**
    공 용 석 준 우 고 용 지 상 획 지 무 불 리

공이 높은 보루 위에서 새매를 쏘아 잡으니 순조롭지 않음이 없다.

射: 맞힐 석, 쏘아 잡을 석
隼: 새매 준
墉: 보루 용
새매: 수릿과의 새. 등은 회색, 아랫면은 흰색이고 온몸에 어두운 갈색
　　　의 가로무늬가 있다.
보루: 적의 침입을 막기 위해 튼튼하게 쌓은 구축물

40. 解해

*** 40.解해괘는
[괘] 서남쪽이 순조롭다.
[초] 허물이 없다.
[이] 사냥을 나가 황색 화살로 여우 세 마리를 잡았다.
[삼] 등에 지고 수레에 싣고 사냥을 나가 잡은 짐승을 많이 가져왔다.
[사] 풀어놓아 발을 버둥거리니, 잡아 온 짐승은 재물이 들어온 것이다.
[오] 군자가 풀어놓은 짐승을 보러 오니 길하다. 짐승을 젊은 사람에게 주었다.
[상] 공이 높은 보루 위에서 새매를 쏘아 잡으니 순조롭지 않음이 없다.

41. 損손
   이미 지난 일은 빨리 지나가게 하라

☶

[괘]   有孚 元吉 无咎 可貞 利有攸往
       유부 원길 무구 가정 이유유왕

       曷之用 二簋可用享
       갈지용 이궤가용향

천지신명이 보살피니 크게 길하고 허물이 없다. 점을 쳐 천지신명께 물을 수 있고, 순조로이 나랏일을 한다. 무엇을 쓰는가. 제기 두 개면 제사 지낼 수 있다.

曷: 어찌(何) 갈
簋: 제기 궤
享: 제사 향

> ** 有孚유부를 해석하기 어려운데, 천지신명이 보살피니, 천지신명이 응답하니, 로 새긴다. 孚부는 때에 따라 1. 전쟁에 나가 잡은 포로 또는 사냥에 나가 잡은 짐승 2. 은나라 유민 3. 제후국 등으로 달리 새겨야 한다.

41. 損손

[초] **已事遄往 无咎 酌損之**
　　　이 사 천 왕　무 구　작 손 지

이미 지난 일은 빨리 지나가게 해야 허물이 없다.
덜어 낼 것은 덜어 내야 한다.

遄: 왕래 잦을 천, 빠를 천
酌: 술을 따를 작, 더할 작, 퍼낼 작
損: 덜(減) 손, 상할 손, 떨어질 손, 잃을 손

> ** 酌작은 '잔질하다'라는 뜻인데, 술잔에 술을 따르면, 술병에 있는 술은 줄어들고 술잔에 있는 술은 늘어난다. 그래서 酌작이 퍼낸다는 뜻이 있고, 그와 반대로 더한다는 뜻도 있다.

[이] **利貞 征凶 弗損益之**
　　　이 정　정 흉　불 손 익 지

순조로이 점을 쳐 천지신명께 물으니, 새로운 시도를 한다면 어려운 상황에 부닥칠 것이다.
덜어 내지 말고 더해야 한다,

弗: 아닐 불

> ** 征凶정흉은 '새로운 시도를 한다면 어려운 상황에 부닥칠 것이다'로 해석한다.

[삼]　三人行 則損一人 一人行 則得其友
　　　　삼 인 행　즉 손 일 인　일 인 행　즉 득 기 우

세 사람이 길을 가면 한 사람을 잃지만,
한 사람이 길을 가면 친구를 얻는다.

損: 잃을(失) 손
得: 얻을 득

[사]　損其疾 使遄有喜 无咎
　　　　손 기 질　사 천 유 희　무 구

그 병을 덜어 내어 빨리 나아야 허물이 없다.

> ** 喜희는 기쁘다, 좋아하다, 병이 낫다, 의 뜻이다.

[오]　或益之十朋之龜 弗克違 元吉
　　　　혹 익 지 십 붕 지 귀　불 극 위　원 길

만약 큰돈을 들여야 할지라도 차질이 없다면 크게 길하다.

41. 損損

龜: 1. 거북 귀
　　2. 거북 껍데기 귀
　　3. 거북 껍데기로 삼은 화폐 귀
　　4. 거북 껍데기를 지져 점칠 귀
違: 어길 위, 피할 위, 떠날 위, 멀리할 위

> ** 1붕은 10개의 조개화폐이다. 10붕은 100개의 조개화폐로 매우 많은 돈이다.

[상]　**弗損益之 无咎 貞吉 利有攸往 得臣无家**
　　　불 손 익 지　무 구　정 길　이 유 유 왕　득 신 무 가

덜어 내지 않고 더해야 허물이 없다. 점을 쳐 천지신명께 물으니 길하다. 순조로이 나랏일을 한다. 신하가 식읍을 받지 못한다.

> ** 家가는 식읍으로 해석한다.

> ** 得臣无家득신무가는 신하가 식읍을 받지 못한다, 라는 뜻이다.

> ** 50.鼎정괘 초효에 보이는 得妾以其子득첩이기자는 得臣无家득신무가와 어순이 비슷하다. 여자 하인이 그 아들을 낳다, 라는 뜻이다.

*** 41.損손괘는
[괘] 무엇을 쓰는가. 제기 두 개면 제사 지낼 수 있다.
[초] 이미 지난 일은 빨리 지나가게 해야 허물이 없다
[이] 새로운 시도를 한다면 어려운 상황에 부닥칠 것이다. 덜어 내지 말고 더해야 한다,
[삼] 세 사람이 길을 가면 한 사람을 잃지만, 한 사람이 길을 가면 친구를 얻는다.
[사] 그 병을 덜어 내어 빨리 나아야 허물이 없다.
[오] 만약 큰돈을 들여야 할지라도 차질이 없다면 크게 길하다.
[상] 덜어 내지 않고 더해야 허물이 없다. 신하가 식읍을 받지 못한다.

42. 益익
순조로이 이나라 수도를 옮겨야 한다

[괘] **利有攸往 利涉大川**
　　이 유 유 왕　이 섭 대 천

순조로이 나랏일을 한다.
순조로이 이나라 수도를 옮겨야 한다.

> ** 涉大川섭대천은 '이나라 수도를 옮겨야 한다'로 해석한다.

[초] **利用為大作 元吉 无咎**
　　이 용 위 대 작　원 길　무 구

순조로이 재물을 아낌없이 들여 대역사를 이루어야 크게 길하고 허물이 없다.

> ** 大作대작은 새 수도를 건설하는 大役事대역사, 큰 토목공사로 새긴다.

[이]　　或益之十朋之龜 弗克違 永貞吉
　　　　혹 익 지 십 붕 지 귀 불 극 위 영 정 길

　　　　王用享于帝 吉
　　　　왕 용 향 우 제 길

만약 큰돈을 들여야 할지라도 대역사에 차질이 있어서는 안 된다.
미래의 긴 나날에 대해 점을 쳐 천지신명께 물으니 길하다.
왕이 제물을 올려 하늘의 상제께 제사 지내니 길하다.

帝: 하늘 제, 황제 제

> ** 十朋之龜십붕지귀는 매우 많은 돈이다.
>
> ** 帝제는 하늘, 또는 하늘의 상제로 새긴다.

[삼]　　益之用凶事 无咎 有孚 中行告公用圭
　　　　익 지 용 흉 사 무 구 유 부 중 행 고 공 용 규

대역사에 재물을 아낌없이 들이는 일은 매우 어려운 일이나 그래야
허물이 없고 천지신명이 도울 것이라고 중행이 공께 홀을 들고 아뢰
었다.

凶흉: 어렵다, 쉽지 않다, 힘들다
圭: 笏홀 규

42. 益익

> ** 益之用凶事익지용흉사의 用용은 모든 자원을 동원하여, 재물을 아낌없이 들여, 로 새긴다. 用圭용규는 홀을 들고, 로 새긴다.

> ** 흉사는 흉한 일이 아니라 매우 어려운 일로 새긴다.

> ** 中行중행은 사람 이름이다.

> ** 笏홀은 관리가 왕을 만날 때 손에 쥐던 신표이다.

[사] **中行告公 從利用為依遷國**
　　　중 행 고 공 종 이 용 위 의 천 국

중행이 공께 아뢰기를, "대역사에 성실히 따르겠으며, 순조로이 모든 재물을 아낌없이 들여 이나라 수도를 옮기는 일에 모든 역량을 발휘하겠습니다."

> ** 國국은 나라가 아니고 나라의 수도로 새긴다. 주나라 때 나라를 邦방, 나라의 수도를 國국이라 하였다.

> ** 遷國천국은 나라의 수도를 옮기는 일이다.

[오] **有孚惠心 勿問元吉 有孚惠我德**
　　　유 부 혜 심 물 문 원 길 유 부 혜 아 덕

천지신명이 은혜를 베푸는 마음으로 보살피니 물을 필요 없이 크게 길하다. 천지신명이 보살피니 내게도 혜택이며 덕이다.

> ** 有孚유부는 천지신명이 보살피니, 로 새긴다.

> ** 6.訟송괘 삼효에 德덕이 보이는데, 善美正大光明純懿 선미정대광명순의로 세상에서 더할 나위 없이 좋은 것이란 의미이다.

[상] 莫益之 或擊之 立心勿恆 凶
막 익 지 혹 격 지 입 심 물 항 흉

만약 대역사에 재물을 아낌없이 들이지 않고 이를 반대한다면 처음 먹은 마음을 길게 지키지 않는 것이니 매우 흉하다.

> *** 42.益익괘는
> [괘] 순조로이 나랏일을 한다. 순조로이 이나라 수도를 옮겨야 한다.
> [초] 순조로이 재물을 아낌없이 들여 대역사를 이루어야 크게 길하고 허물이 없다.
> [이] 만일 큰돈을 들여야 할지라도 대역사에 차질이 있어서는 안 된다. 미래의 긴 나날에 대하여 점을 쳐 천지신명께 물으니 길하다. 왕이 제물을 올려 하늘의 상제께 제사를 지내니 길하다.
> [삼] 대역사에 재물을 아낌없이 들이는 일은 매우 어려운 일이나 그래야 허물이 없고 천지신명이 도울 것이라고 중행이 공께 홀을 들고 아뢰었다.
> [사] 중행이 공께 아뢰기를, "대역사에 성실히 따르겠으며, 순조로이 모든 재물을 아낌없이 들여 이나라 수도를 옮기는 일에 모든 역량을 발휘하겠습니다."
> [오] 천지신명이 은혜를 베푸는 마음으로 보살피니 물을 필요 없이 크게 길하다. 천지신명이 보살피니 내게도 혜택이며 덕이다.

42. 益익

[상] 만약 대역사에 재물을 아낌없이 들이지 않고 이를 반대한다면 처음 먹은 마음을 길게 지키지 않는 것이니 매우 흉하다.

43. 夬괘
전쟁 상황이 급박하여 군자가 친히 군대를 지휘하다

[괘] **揚于王庭 孚號 有厲告 自邑**
양 우 왕 정 부 호 유 려 고 자 읍

不利即戎 利有攸往
불 리 즉 융 이 유 유 왕

한 백성이 왕이 있는 궁정에 와서 울부짖으며 심히 걱정하여 고하기를 "제가 사는 성읍에 예기치 않은 일이 발생하여 오랑캐가 쳐들어 왔는데, 순조로이 물리쳐야 하겠습니다."

揚양: 오르다, 나타나다, 말하다, 밝히다, 명백하게 하다, 슬퍼하다

王庭왕정: 왕이 거처하는 곳

戎: 군사 융, 오랑캐 융

> ** 不利불리는 순조롭지 않음이니 전혀 예기치 못한 일이 발생하다, 로 새긴다.

43. 夬쾌

[초]　**壯于前趾 往不勝 為咎**
　　　　장 우 전 지　왕 불 승　위 구

앞발이 건장하나 가서 이기지 못하면, 허물이 될 것이다.

> * 선봉대의 전투력이 강하지만, 쳐들어온 적을 막지 못하면 허물이 될 것이다.

趾: 발 지

> ** 前趾전지는 앞발이니 군대의 선봉대로 새긴다. 고대에 군대는 항상 中軍중군과 前後左右전후좌우 다섯으로 나누었으니 그러한 분류에 의하여 前趾전지는 前軍전군이다.
>
> ** 往왕은 당연히 해야 할 일을 하는 것이므로 여기서는 방어 형태의 군대 출정이다. 적이 침범하였으니 당연히 물리쳐야 한다. 그런데, 征정은 적을 정벌하러 가는 공격의 군대 출정이다.

[이]　**惕號 莫夜有戎 勿恤**
　　　　척 호　모 야 유 융　물 휼

근심하여 크게 부르짖기를 날이 저물어 밤이 되면 오랑캐가 쳐들어와 들이닥칠 것이라고 하지만 걱정할 일은 아니다.

> *그 성읍의 백성이 근심하여 크게 부르짖기를 날이 저물어 밤이 되면 오랑캐가 쳐들어와 들이닥칠 것이라고 하지만 이미 방어태세가 확고하므로 걱정할 일은 아니다.

莫: 날이 저물(晚) 모, 暮모와 같다

[삼] **壯于頄 有凶 君子夬夬 獨行**
　　　　장 우 구 유 흉 군 자 쾌 쾌 독 행

遇雨若濡 有慍 无咎
우 우 약 유 유 온 무 구

군대의 중군인 주력 부대마저 출정해야 하니 흉하다. 군자가 결단을 내려 친히 군대를 지휘한다. 비를 만나서 옷이 흠뻑 젖어 마음이 유쾌하지 않지만 허물이 없다.

頄: 광대뼈 구, 낯 구, 얼굴 구, 두터울 구
慍: 성낼 온, 한할 온, 쌓을 온, 심란할 온

> ** 頄구는 군대의 중군 또는 주력부대로 새긴다.

[사] **臀无膚 其行次且 牽羊 悔亡 聞言不信**
　　　　둔 무 부 기 행 차 저 견 양 회 망 문 언 불 신

43. 夬쾌

다리에 살이 없어 나아가다가 머물러 머뭇거리니 이끌고 가기가 마치 양 떼를 모는 것과 같으나 후회할 일은 없으리라. 불평을 듣더라도 마음에 둘 필요 없다.

臀: 볼기 둔. 허벅다리 위의 양쪽으로 살이 불룩한 부분

次: 군사 머무를 차

且: 머뭇거릴 저

> ** 臀无膚둔무부 즉 '다리에 살이 없어'는 '군대가 보급이 원활하지 못하여'로 새긴다. 전쟁 상황이 여의치 못함을 기록하고 있다.

[오] **莧陸夬夬 中行 无咎**
현 륙 쾌 쾌 중 행 무 구

부드러운 풀밭에서 빨리 행군하니 허물이 없다.

莧: 자리공 현. 여러해살이풀

> ** 莧陸현륙은 부드러운 풀밭이다.

[상] **无號 終有凶**
무 호 종 유 흉

군대의 호령 소리도 들리지 않으니, 마지막에 크게 어려울 것이다.

** 전쟁 결과가 좋지 않음을 기록하고 있다.

*** 43.夬괘는
[괘] 한 백성이 왕이 있는 궁정에 와서 울부짖으며 심히 걱정하여 고하기를 "제가 사는 성읍에 예기치 않은 일이 발생하여 오랑캐가 쳐들어왔는데, 순조로이 물리쳐야 하겠습니다."
[초] 선봉대의 전투력이 강하지만, 쳐들어온 적을 막지 못하면 허물이 될 것이다.
[이] 근심하여 크게 부르짖기를 날이 저물어 밤이 되면 오랑캐가 쳐들어와 들이닥칠 것이라고 하지만 걱정할 일은 아니다.
[삼] 군자가 결단을 내려 친히 군대를 지휘한다.
[사] 다리에 살이 없어 나아가다가 머물러 머뭇거리니 마치 양 떼를 모는 것과 같으나 후회할 일은 없으리라.
[오] 부드러운 풀밭에서 빨리 행군하니 허물이 없다.
[상] 군대의 호령 소리도 들리지 않으니, 마지막에 크게 어려울 것이다.

44. 姤후
소박한 예물로 혼인예식을 올리다

[괘] **女壯 勿用取女**
여 장 물 용 취 녀

여자가 크면, 그 여자를 취하지 않는다.

> * 여자가 나이가 너무 많으면, 혼인하기 어렵다.

壯: 클(大) 장

[초] **繫于金柅 貞吉 有攸往見凶 羸豕孚蹢躅**
계 우 금 니 정 길 유 유 왕 견 흉 이 시 부 척 촉

청동 쐐기로 수레바퀴를 수리했다.
점을 쳐 천지신명께 물으니 길하다.
일을 하며 어려움을 겪었다. 여윈 돼지를 예물로 쓰려 하는데 버둥거렸다.

> *수레바퀴가 고장이 나서 청동 쐐기로 수리했다. 이 수레가 고장 나지 않고 잘 운행할 수 있을 것인가에 대해 점을 쳐 천지신명께 물으니 길하다. 일을 하며 어려움을 겪었다. 살이 빠져 여윈 돼지를 혼인예식에 예물로 쓰려고 잡아 묶었는데 돼지가 계속 버둥거렸다.

繫: 맬 계
柅: 수레바퀴의 회전을 멈추게 하는 장치
羸: 여윌 이
蹢: 깡창댈 척, 뛸 척
躅: 제자리걸음할 촉

> ** 柅니는 수레바퀴의 회전을 멈추게 하는 장치인데, 쐐기로 해석한다.

> ** 蹢躅척촉은 '버둥거리다'로 새긴다.

[이] **包有魚 无咎 不利賓**
　　　포 유 어　무 구　불 리 빈

바구니에 물고기를 담아 와 허물이 없으나 손님 대접이 순조롭지 않다.

> *혼인예물로 바구니에 물고기를 담아 왔으니 허물이 없으나 양이 적어 손님 대접이 순조롭지 않다.

44. 姤후

[삼] **臀无膚 其行次且 厲 无大咎**
둔 무 부 기 행 차 저 여 무 대 구

다리에 살이 없어 나아가다가 머물러 머뭇거리니 염려스럽지만 큰 허물은 없다.

> * 신부가 마른 몸매라 약해서 머뭇거리며 나아가니, 염려스럽지만 큰 허물은 없다.

且: 머뭇거릴 저

> ** 43.夬괘 사효에 보이는 臀无膚 其行次且 둔무부 기행차저 와 해석을 달리 한다.

[사] **包无魚 起凶**
포 무 어 기 흉

바구니에 물고기가 없으니 흉함이 일어났다.

> * 바구니에 담아 온 물고기가 떨어져 흉한 일이 생겼다.

[오] **以杞包瓜 含章 有隕自天**
이 기 포 과 함 장 유 운 자 천

키버들로 짠 바구니에 오이를 담고 준비한 예물을 다 모아 놓고 보니 하늘에서 떨어진 것과 같다.

> * 키버들로 짠 바구니에 오이를 담고 준비한 예물을 다 모아 놓고 보니 잘 준비되어 이 모든 것이 하늘에서 떨어진 것과 같다.

隕: 떨어질 운, 떨어뜨릴 운

> ** 杞기는 杞柳기류인데, 키버들이다. 키버들은 키를 만드는 버들이다. 키는 곡식 따위를 까불러 쭉정이나 티끌을 골라내는 도구인데 키버들이나 대를 납작하게 쪼개어 앞은 넓고 평평하게, 뒤는 좁고 우긋하게 엮어 만든다.
>
> ** 2.坤곤괘 삼효에 含章함장이 보인다.

[상] 姤其角 吝 无咎
후 기 각 인 무 구

좁은 장소에서 혼인예식을 올리니 갖추지 못한 것이 많아 유감스럽지만 허물은 없다.

姤: 만날 후
角: 구석 각, 모퉁이 각

> ** 姤후는 혼인예식을 올리는 것으로 새긴다.

44. 姤후

*** 44.姤후괘는
[괘] 여자가 나이가 너무 많으면, 혼인하기 어렵다.
[초] 청동 쐐기로 수레바퀴를 수리했다. 일을 하며 어려움을 겪었다. 여윈 돼지를 예물로 쓰려 하는데 버둥거렸다.
[이] 바구니에 물고기를 담아 와 허물이 없으나 손님 대접이 순조롭지 않다.
[삼] 다리에 살이 없어 나아가다가 머물러 머뭇거리니 염려스럽지만 큰 허물은 없다.
[사] 바구니에 담아 온 물고기가 떨어져 흉한 일이 생겼다.
[오] 키버들로 짠 바구니에 오이를 담고 준비한 예물을 다 모아 놓고 보니 하늘에서 떨어진 것과 같다.
[상] 좁은 장소에서 혼인예식을 올리니 갖추지 못한 것이 많아 유감스럽지만 허물은 없다.

45. 萃췌
은나라 유민이 주나라 백성으로 동화하다

☷☱

[괘] 亨 王假有廟 利見大人 亨
　　　형 왕격유묘 이견대인 형

　　　利貞用大牲吉 利有攸往
　　　이정용대생길 이유유왕

제사 지내고 음복했다.
왕이 종묘에서 예법에 따라 대인을 만났다.
제사 지내고 음복했다. 순조로이 큰 짐승을 제사에 희생으로 쓰는 일에 대해 점을 쳐 천지신명께 물으니 길하다. 순조로이 나랏일을 한다.

牲: 희생 생
희생: 천지신명 따위에 제사 지낼 때 제물로 바치는 산 짐승. 주로 소,
　　 양, 돼지 따위를 바친다.

45. 萃췌

> ** 괘사에 亨형이 두 번 나오므로, 다른 괘에 있던 괘사나 효사가 萃췌괘에 첨가된 것으로 생각한다. 원래는 亨 王 假有廟 利見大人 형 왕격유묘 이견대인과 亨 利貞用大牲吉 利有攸往 형 이정용대생길 이유유왕이 분리되어 있었을 것이다.

[초]　　有孚 不終乃亂乃萃 若號一握為笑
　　　　유부 부종내란내췌 약호일악위소

　　　　勿恤 往无咎
　　　　물휼　왕무구

은나라 유민이 끊임없이 어지럽게 모여 울부짖다가 이내 웃기도 한다. 이 근심이 사라져야 나랏일을 하며 허물이 없을 것이다.

萃: 풀 모양 췌, 모을 췌, 모일 췌, 여윌 췌, 초췌해질 췌
握: 움큼 악, 쥘 악
恤: 근심할 휼

> ** 孚부는 은나라 유민으로 새긴다.

> ** 시경 陣風진풍 墓門묘문
> 　　有鴞萃止유효췌지
> 　　올빼미가 모여들었네

[이]　　**引吉 无咎 孚乃利用禴**
　　　　　　인길　무구　부내리용약

오래도록 길하고 허물이 없으리라. 은나라 유민의 동화를 기원하며 순조로이 제물을 올려 여름 제사를 지냈다.

引: 활 당길 인, 펼 인, 길 인, 인도할 인

> ** 주례 春官宗伯춘관종백 司尊彝사준이에 봄에 지내는 제사는 祠사, 여름 제사는 禴약, 가을 제사는 嘗상, 겨울 제사는 烝증이다.

> ** 46.升승괘 이효에 孚乃利用禴부내리용약이 보인다.

[삼]　　**萃如 嗟如 无攸利 往无咎 小吝**
　　　　　췌여　차여　무유리　왕무구　소린

모여 탄식하는 듯하니 순조로운 바가 없다. 나랏일을 하며 허물이 없으나 조금 유감스럽다.

嗟: 탄식할 차, 슬플 차, 가엾을 차, 탄식하는 소리 차

[사]　　**大吉 无咎**
　　　　　대길　무구

크게 길하니 허물이 없다.

45. 萃췌

> ** 은나라 유민이 주나라 백성으로 동화하는 문제가 잘 해결되어 크게 길한 것이다.

[오]　**萃有位 无咎 匪孚 元永貞 悔亡**
　　　 췌 유 위　무 구　비 부　원 영 정　회 망

은나라 유민이 제자리를 찾으니 허물이 없다. 은나라 유민이 아닌 주나라 백성으로서의 먼 미래에 대해 점을 쳐 천지신명께 물으니 후회는 없으리라.

> ** 匪孚비부는 주나라에 동화한 은나라 유민으로 새긴다.

[상]　**齎咨涕洟 无咎**
　　　 자 자 체 이　무 구

소리 내어 탄식하며 눈물을 흘리며 코를 훌쩍였다. 허물이 없다.

齎: 탄식하는 소리 자
咨: 탄식할 자, 원망할 자, 물을 자, 탄식하는 말 자
涕: 울 체, 눈물 체
洟: 콧물 이

** 사효와 연관하여, 은나라 유민이 주나라 백성으로 동화하는 문제가 잘 해결되어 크게 길하니 허물이 없다.

*** 45.萃췌괘는
[괘] 왕이 종묘에서 예법에 따라 대인을 만났다. 순조로이 큰 짐승을 제사에 희생으로 쓰는 일에 대해 점을 쳐 천지신명께 물으니 길하다.
[초] 은나라 유민이 끊임없이 어지럽게 모여 울부짖다가 이내 웃기도 한다. 이 근심이 사라져야 나랏일을 하며 허물이 없을 것이다.
[이] 은나라 유민의 동화를 기원하며 순조로이 제물을 올려 여름 제사를 지냈다.
[삼] 모여 탄식하는 듯하니 순조로운 바가 없다. 나랏일을 하며 허물은 없으나 조금 유감스럽다.
[사] 크게 길하니 허물이 없다.
[오] 은나라 유민이 제자리를 찾으니 허물이 없다. 은나라 유민이 아닌 주나라 백성으로서의 먼 미래에 대해 점을 쳐 천지신명께 물으니 후회는 없으리라.
[상] 소리 내어 탄식하며 눈물을 흘리며 코를 훌쩍였다. 허물이 없다.

46. 升승
왕이 제물을 올려 기산에 제사 지내다

[괘] **元亨 用見大人 勿恤 南征吉**
원 형 용 견 대 인 물 휼 남 정 길

크게 제사 지내고 음복했다. 예물을 바치며 대인을 만났으니 근심할 것은 없다. 남쪽으로 가니 길하다.

升: 나아갈(進) 승, 오를(登) 승, 이룰(成) 승, 익을(熟) 승

> ** 升승은 오르다, 나아가다(進) 또는 지나가다, 의 뜻으로 새긴다.

[초] **允升 大吉**
윤 승 대 길

옳게 여기며 나아가니 크게 길하다.

允: 믿을 윤, 진실 윤, 허락할 윤, 마땅할 윤, 옳게 여길 윤, 즐길 윤

[이] **孚乃利用禴 无咎**
부 내 리 용 약 무 구

은나라 유민의 동화를 기원하며 순조로이 제물을 올려 여름 제사를 지내니 허물이 없다.

> ** 45.萃췌괘 이효에 孚乃利用禴부내리용약이 보인다.

[삼] **升虛邑**
승 허 읍

옛 성터가 있는 성읍으로 나아간다.

虛: 빌 허, 천지와 사방 허, 공간 허, 구멍 허, 틈 허, 고성古城터 허

> ** 虛邑허읍은 옛 성터가 있는 오래된 성읍인데, 주나라 문왕 때까지 수도이던 사효의 岐山기산을 가리킨다.

[사] **王用亨于岐山 吉无咎**
왕 용 형 우 기 산 길 무 구

왕이 제물을 올려 기산에 제사 지내고 음복하니 길하고 허물이 없다.

46. 升승

> ** 岐山기산은 삼효의 虛邑허읍이다. 허읍은 비어 있는 성읍이란 뜻이 아니라 옛 성터가 있는 성읍이다.
> 주나라 문왕이 岐山기산에서 豐京풍경으로 수도를 옮기고, 무왕이 풍경에서 鎬京호경으로 수도를 옮겼다. 주나라 왕이 옛 수도인 岐山기산에 행차하여 제사 지내는 것이다.

[오]　　**貞吉 升階**
　　　　정 길　승 계

점을 쳐 천지신명께 물으니 길하다. 계단을 올라간다.

階: 계단 계

> ** 기산에 제사 지내고 왕이 수도에 돌아와 종묘의 계단을 올라간다.

[상]　　**冥升 利于不息之貞**
　　　　명 승　이 우 불 식 지 정

그윽하게 나아간다. 순조로이 계속 점을 쳐 천지신명께 묻는다.

冥: 그윽할 명, 어두울 명
息: 쉴 식

> ** 미래는 예측하기 어려워 알 수 없으니 순조로이 쉬지 않고 점을 쳐 천지신명께 묻는다.

*** 46.升승괘는
[괘] 크게 제사 지내고 음복했다. 예물을 바치며 대인을 만났으니 근심할 것은 없다. 남쪽으로 가니 길하다.
[초] 옳게 여기며 나아가니 크게 길하다.
[이] 은나라 유민의 동화를 기원하며 순조로이 제물을 올려 여름 제사를 지내니 허물이 없다.
[삼] 옛 성터가 있는 성읍으로 나아간다.
[사] 왕이 제물을 올려 기산에 제사 지내고 음복하니 길하고 허물이 없다.
[오] 수도에 돌아와 종묘의 계단을 올라간다.
[상] 그윽하게 나아간다. 순조로이 계속 점을 쳐 천지신명께 묻는다.

47. 困곤
불안하고 위태로워 후회하며 괴로워하다

[괘] **亨 貞大人吉 无咎 有言不信**
　　　　형　정대인길　무구　유언불신

제사 지내고 음복했다. 대인에 대해 점을 쳐 천지신명께 물으니 길하다. 허물이 없다.
다른 사람이 무슨 말을 할지라도 마음에 두지 않는다.

困: 곤궁할 곤, 지칠 곤, 근심할 곤, 어지러울 곤, 통하지 못할 곤

[초] **臀困于株木 入于幽谷 三歲不覿**
　　　　둔 곤 우 주 목　입 우 유 곡　삼 세 부 적

나무 그루터기에 걸터앉아 쉬었다.
그윽한 계곡으로 들어가니 3년 동안 와 보지 않은 곳이다.

臀: 볼기 둔
困: 지칠 곤
株: 나무 벤 자리 주, 그루터기 주

幽: 숨을 유, 그윽할 유, 어두울 유

覿: 볼 적, 만나 볼 적, 알현할 적

> ** 困곤은 지치다, 몸이 피곤하다, 괴로워하다, 지쳐서 쉬다, 로 새긴다.

> ** 臀困于株木 둔곤어주목은 '나무 그루터기에 걸터앉아 쉬다'로 새긴다.

[이]   困于酒食 朱紱方來 利用享祀 征凶 无咎
　　　　곤 우 주 식　주 불 방 래　이 용 향 사　정 흉　　무 구

술과 음식으로 제사를 준비할 때 주불이 도착하여 순조로이 제물을 올려 제사 지냈다. 제사 지내러 온 일이 매우 어려웠지만, 허물은 없다.

> ** 朱紱주불과 오효의 赤紱적불은 제사 때 입는 거추장스러운 예복으로 새긴다.

> ** 이번 제사는 매년 지내는 제사가 아니다. 비정기적인 제사로 특별한 행사이다. 征정은 군사를 일으켜 정벌하다, 의 뜻이 아니라 예정에 없던 특별한 제사를 지내는 것이다.

[삼]   困于石 據于蒺藜 入于其宮 不見其妻 凶
　　　　곤 우 석　거 우 질 려　입 우 기 궁　불 견 기 처　　흉

47. 困곤

바위 위에서 쉬다가 남가새를 눌러 밟으며 집에 도착했다. 아내가 보이지 않으니 흉하다.

> * 바위 위에서 쉬다가 남가새가 우거진 길을 지나는데, 그 가시에 찔리면 매우 아프기 때문에, 조심하여 눌러 밟으며 집에 도착했다. 집에 아내가 보이지 않으니 흉하다.

據: 짚을 거, 의지할 거, 이끌 거, 당길 거, 누를(按) 거

蒺藜질려: 남가새. 열매에 난 마름모 모양의 가시에 찔리면 매우 아프다

> ** 據거는 누르다(按)의 뜻인데, 눌러 밟다, 로 새긴다.

[사] **來徐徐 困于金車 吝有終**
　　　내　서　서　곤　우　금　거　인　유　종

매우 더디게 가며 청동으로 장식한 수레에서 쉬기도 하면서, 유감스럽지만 결국 도착했다.

徐: 천천히 할 서, 더딜 서

> ** 金금은 청동으로 새긴다. 金車금거는 수레의 일부를 청동으로 장식한 수레이다.

[오]　**劓刖 困于赤紱 乃徐有說 利用祭祀**
　　　　의 월　곤 우 적 불　내 서 유 탈　이 용 제 사

의형과 월형을 당하는 듯 적불을 입고 괴로웠으나 마침내 더디게 벗을 수 있었다. 순조로이 제물을 올려 제사 지냈다.

> ** 劓刖의월은 의형, 월형이다.
> 의형은 코를 베는 형벌, 월형은 발뒤꿈치를 베는 형벌로 주나라 다섯 형벌의 일부다.

> ** 赤紱적불은 이효의 朱紱주불과 같은 것으로 새긴다. 赤紱적불과 이효의 朱紱주불은 제사 때 입는 거추장스러운 예복으로 새긴다.

[상]　**困于葛藟 于臲卼 曰動悔有悔 征吉**
　　　　곤 우 갈 류　우 얼 올　왈 동 회 유 회　정 길

칡덩굴과 등나무덩굴에 얽혀 불안하고 위태로웠다. 말하자면 움직일수록 후회막심했다. 예상하지 못한 일이었으나 길하다.

葛: 칡 갈, 덩굴 갈
藟: 등나무 덩굴 류, 감길 류
臲: 불안할 얼, 위태할 얼
卼: 위태할 올

47. 困곤

*** 47.困곤괘는
[괘] 다른 사람이 무슨 말을 할지라도 마음에 두지 않는다.
[초] 나무 그루터기에 걸터앉아 쉬었다. 그윽한 계곡으로 들어가니 3년 동안 와 보지 않은 곳이다.
[이] 술과 음식으로 제사를 준비할 때 주불이 도착하여 순조로이 제물을 올려 제사 지냈다. 제사 지내러 온 일이 매우 어려웠지만, 허물은 없다.
[삼] 바위 위에서 쉬다가 남가새를 눌러 밟으며 집에 도착했다. 아내가 보이지 않으니 흉하다.
[사] 매우 더디게 가며 청동으로 장식한 수레에서 쉬기도 하면서, 유감스럽지만 결국 도착했다.
[오] 의형과 월형을 당하는 듯 적불을 입고 괴로웠으나 마침내 더디게 벗을 수 있었다. 순조로이 제물을 올려 제사 지냈다.
[상] 칡덩굴과 등나무덩굴에 얽혀 불안하고 위태로웠다. 말하자면 움직일수록 후회막심했다. 예상하지 못한 일이었으나 길하다.

48. 井정
성읍을 건설하고 우물을 완공하다

䷯

[괘] **改邑不改井 无喪无得 往來井井汔至**
개읍불개정 무상무득 왕래정정흘지

亦未繘井 羸其瓶 凶
역미율정 이기병 흉

새로이 성읍을 건설하였으나, 우물이 완공되지 않았다. 우물 공사에 큰 문제는 없으나, 진척이 더디다. 공사 중인 우물 여러 곳을 가서 둘러보았으나 물이 아직 솟아나지 않는다. 두레박줄을 우물에 내리지 못하니 두레박도 쓸모가 없어 엎어져 있다. 흉하다.

改: 만들(造) 개
汔: 물 잦을 흘, 물 마를 흘
亦: 또 역, 또한 역
繘: 두레박줄 율
羸: 파리할 이, 앓을 이, 약할 이, 얽히어 괴로울 이, 뒤집을 이, 엎칠 이, 지칠 이, 고달플 이, 피곤할 이
瓶: 두레박 병

48. 井정

> ** 未繘井미율정 嬴其瓶이기병이 대구다.
> 두레박줄을 우물에 내리지 못하니
> 두레박도 쓸모가 없어 엎어져 있다.

[초]　**井泥不食 舊井无禽**
　　　　정 니 불 식　구 정 무 금

우물에 진흙이 드러나 마실 수 없다. 옛 우물에 짐승이 없다.

> * 새로이 우물을 건설하는 마을에 옛 우물을 수리하여 물을 길어 올릴 수 있는지 둘러보았으나 우물 바닥에 진흙이 드러나 있어 물을 마실 수 없다. 이 옛 우물은 짐승도 못 마실 만큼 물이 깨끗하지 않으니 사람이 마실 수 없다.

[이]　**井谷射鮒 甕敝漏**
　　　　정 곡 석 부　옹 폐 루

우물 깊은 곳에서 붕어를 잡을 수 있으니,
우물 벽이 무너져 강물이 새어 들어오기 때문이다.

射: 맞힐 석, 쏘아 잡을 석
鮒: 붕어 부, 잉엇과에 속하는 민물고기의 한 가지 부
甕: 독 옹
敝: 무너질 폐
漏: 스밀 루, 샐 루

> ** 우물에 지하수가 솟아나는 것이 아니라 우물 안으로 강물이 새어 들어오기 때문에 붕어를 잡을 수 있는 것이다.

[삼] 井渫不食 爲我心惻 可用汲 王明 並受其福
정설불식 위아심측 가용급 왕명 병수기복

우물을 쳐도 마실 수 없으니 내 마음이 슬프다. 이 우물물을 길어 올릴 수 있다면 왕이 기뻐하고 모두 다 복을 받을 것이다.

渫: 우물 칠 설
惻: 슬플 측
汲: 물 길을 급
明: 명랑할 명
並: 모두 병, 다 병

> ** 渫설은 필요 없는 것을 제거하여 우물을 깨끗이 친다는 의미이다.

> ** 明명은 '명랑할 명'으로, 기뻐하다, 라는 뜻으로 새긴다.

> ** 우물은 완공되었다. 그러나 아직 깨끗한 물이 솟아나지 않아 마실 수 없다.

48. 井정

[사]   井甃 无咎
        정 추 무 구

우물을 고쳐 완공되니 허물이 없다.

甃: 우물 고칠 추

> ** 벽이 새는 우물을 고쳐 맑은 우물물을 길어 올리니 허물이 없다. 우물이 완공되어 깨끗한 우물물이 솟아난다.

[오]   井洌寒泉食
        정 렬 한 천 식

우물에서 차고 맑게 솟아나는 우물물을 마신다.

洌: 찬 샘 렬
寒: 찰 한
泉: 샘 천

[상]   井收勿幕 有孚元吉
        정 수 물 막 유 부 원 길

우물물을 길어 올리며 덮개를 덮을 새가 없다. 천지신명이 보살피니 매우 길하다.

收: 거둘 수, 취할 수, 물 떠올릴 수

幕: 덮을 막

> ** 덮개를 덮을 새가 없이 많은 사람이 우물물을 길어 올린다.

> *** 48.井정괘는
> [괘] 새로이 성읍을 건설하였으나, 우물이 완공되지 않았다. 공사의 진척이 더디다.
> [초] 우물에 진흙이 드러나 마실 수 없다.
> [이] 우물 깊은 곳에서 붕어를 잡을 수 있으니, 우물 벽이 무너져 강물이 새어 들어오기 때문이다.
> [삼] 우물을 쳐도 마실 수 없으니 내 마음이 슬프다. 이 우물물을 길어 올릴 수 있다면 왕이 기뻐하고 모두 다 복을 받을 것이다.
> [사] 벽이 새는 우물을 고쳐 맑은 우물물을 길어 올리니 허물이 없다.
> [오] 우물에서 차고 맑게 솟아나는 우물물을 마신다.
> [상] 우물물을 길어 올리며 덮개를 덮을 새가 없다. 천지신명이 보살피니 매우 길하다.

49. 革혁
황소 가죽으로 단단히 묶다

[괘]　巳日乃孚 元亨 利貞 悔亡
　　　　사 일 내 부　원 형　이 정　회 망

시간이 지나서 그것이 도착했다.
크게 제사 지내고 음복했다.
순조로이 점을 쳐 천지신명께 물으니 후회할 일은 없으리라.

> ** 巳사는 巳이로 새긴다.

> ** 孚부는 '그것'으로 새기며, 초효의 黃牛之革황우지혁을 가리킨다.

> ** 괘사는 효사를 다 적고 난 다음 요약하거나 중요 사항을 중복하여 기록한 것이다.

[초]　鞏用黃牛之革
　　　　공 용 황 우 지 혁

황소 가죽으로 만든 끈으로 단단히 묶어야 한다.

鞏: 다룬 가죽으로 물건을 굳게 묶을 공

> ** 황소 가죽은 일종의 군사물자로 새긴다. 무기나 말, 수레 등을 묶어 고정하는 용도이다.

[이]　　巳日乃革之 征吉 无咎
　　　　사 일 내 혁 지　정 길　무 구

시간이 지나서 마침내 황소 가죽이 도착했다.
예기치 않은 일이 생겨도 잘 처리할 것이니 길하고 허물이 없다.

[삼]　　征凶 貞厲 革言三就 有孚
　　　　정 흉　정 려　혁 언 삼 취　유 부

예기치 않은 일이 생기니 흉하다. 점을 쳐 천지신명께 물으니 위태롭다. 황소 가죽으로 만든 끈으로 단단히 묶으라는 명령을 세 번 수행하니, 천지신명이 돕는다.

> ** 이효의 예기치 않은 일에 대한 걱정이 삼효에 현실화되었으니 흉하다. 점을 쳐 천지신명께 물으니 위태롭다.

49. 革혁

[사]　悔亡 有孚改命 吉
　　　회망 유부개명 길

후회할 일은 없으리라.
천지신명이 보살피니 명령을 수행하여 길하다.

改: 만들(造) 개

[오]　大人虎變 未占有孚
　　　대인호변 미점유부

대인은 호랑이처럼 변하니, 점을 치지 않아도 천지신명이 도울 것이다.

[상]　君子豹變 小人革面 征凶 居貞吉
　　　군자표변 소인혁면 정흉 거정길

군자는 표범처럼 변하고 소인은 얼굴만 바꾼다.
예기치 않은 일이 생기니 흉하고, 머무르는 문제에 대해 점을 쳐 천지신명께 물으니 길하다.

*** 49.革혁괘는
[괘] 시간이 지나서 그것이 도착했다. 순조로이 점을 쳐 천지신명께 물으니 후회할 일은 없으리라.
[초] 황소 가죽으로 만든 끈으로 단단히 묶어야 한다.
[이] 시간이 지나서 마침내 황소 가죽이 도착했다.
[삼] 황소 가죽으로 만든 끈으로 단단히 묶으라는 명령을 세 번 수행하니, 천지신명이 도운다.
[사] 후회할 일은 없으리라. 천지신명이 보살피니 명령을 수행하여 길하다.
[오] 대인은 호랑이처럼 변하니, 점을 치지 않아도 천지신명이 도울 것이다.
[상] 군자는 표범처럼 변하고 소인은 얼굴만 바꾼다.

50. 鼎정
옥으로 만든 솥귀고리가 크게 길하다

☲
☴

[괘] 　元吉 亨
　　　　원 길　형

크게 길하다. 제사 지내고 음복했다.

[초] 　鼎顚趾 利出否 得妾以其子 无咎
　　　정 전 지　이 출 비　득 첩 이 기 자　무 구

솥다리를 기울여 순조로이 나쁜 것을 쏟아 냈다.
여자 하인이 그 아들을 낳으니 허물이 없다.

鼎: 세 발에 두 귀가 달린 솥 정
顚: 넘어질 전, 넘어뜨릴 전
趾: 발 지

> ** 鼎정은 제사에 쓰는 소, 양, 돼지를 삶는 큰 솥이다.

> ** 顚전은 솥의 발을 잡고 뒤집다, 로 새긴다. 솥을 거꾸로 들어 불필요한 물건을 쏟아 내어 깨끗이 설거지하는 것이다.

> ** 鼎顚趾정전지 利出否이출비는 압운이다.

[이]　**鼎有實 我仇有疾 不我能即吉**
　　　정 유 실　아 구 유 질　불 아 능 즉 길

솥 안에 삶은 고기가 있다. 내 아내가 병이 들었으나, 그렇지 않은 나는 능히 먹을 수 있으니 길하다.

仇: 짝 구

> ** 實실은 솥 안에 든 삶은 고기이다.

> ** 鼎實정실은 솥 안에 든 음식, 솥 안에 든 삶은 고기를 말한다.

> ** 仇구는 아내로 새긴다. 내 아내가 병이 들었으나, 그렇지 않은 나는 건강하여 능히 고기를 먹을 수 있으니 길하여 다행이다.

50. 鼎정

[삼]　**鼎耳革 其行塞 雉膏不食 方雨虧悔 終吉**
　　　정 이 혁　기 행 색　치 고 불 식　방 우 휴 회　종 길

솥귀에 변화가 생겨 옮길 수 없어 꿩고기를 먹지 못했다. 마침 비가 와서 매우 후회스러웠으나 마지막에 길했다.

塞: 막을 색, 막힐 색, 불안한 모양 색
雉: 꿩 치
膏: 살진 살 고
虧: 이지러질 휴

　　** 革혁은 변화의 뜻으로 새긴다.

[사]　**鼎折足 覆公餗 其形渥 凶**
　　　정 절 족　복 공 속　기 형 악　흉

솥발이 부러져 공이 먹을 음식을 엎질러서 옷이 젖으니 흉하다.

餗: 솥 안에 든 음식 속, 국밥 속
渥: 젖을 악

[오]　　**鼎黃耳 金鉉 利貞**
　　　　정 황 이　금 현　이 정

누런색 솥귀에 청동 솥귀고리의 솥이다.
순조로이 점을 쳐 천지신명께 물었다.

鉉: 솥귀의 구멍에 꿰어 손으로 들게 한 고리 현

[상]　　**鼎玉鉉 大吉 无不利**
　　　　정 옥 현　대 길　무 불 리

옥으로 만든 솥귀고리가 크게 길하여 순조롭지 않음이 없다.

> *** 50鼎정괘는
> [괘] 크게 길하다. 제사 지내고 음복했다.
> [초] 솥다리를 기울여 순조로이 나쁜 것을 쏟아 냈다. 여자 하인이 그 아들을 낳으니 허물이 없다.
> [이] 솥 안에 삶은 고기가 있다. 내 아내가 병이 들었으나, 나는 능히 먹을 수 있으니 길하다.
> [삼] 솥귀에 변화가 생겨 옮길 수 없어 꿩고기를 먹지 못했다. 마침 비가 와서 매우 후회스러웠으나 마지막에 길했다.
> [사] 솥발이 부러져 공이 먹을 음식을 엎질러서 옷이 젖으니 흉하다.
> [오] 누런색 솥귀에 청동 솥귀고리의 솥이다.
> [상] 옥으로 만든 솥귀고리가 크게 길하여 순조롭다.

51. 震진
우렛소리가 두려워도 웃으며 이야기하다

䷲

[괘]　亨 震來虩虩 笑言啞啞
　　　형　진 래 혁 혁　소 언 액 액

　　　震驚百里 不喪匕鬯
　　　진 경 백 리　불 상 비 창

제사 지내고 음복했다.
우렛소리가 두려워도 웃으며 이야기했다.
우렛소리에 백리 멀리까지 모두 놀라도 숟가락과 울창주를 손에서
놓지 않았다.

震: 우레 진, 천둥 소리 진, 벼락 칠 진

虩: 두려워할 혁

啞: 웃으며 말하는 소리 액

匕: 숟가락 비

鬯: 울금향을 넣어 빚은 향기 나는 술 창

[초]　震來虩虩 後笑言啞啞 吉
　　　　진 래 혁 혁　후 소 언 액 액　길

우렛소리가 두려워도 곧 웃으며 이야기하니 길하다.

[이]　震來厲 億喪貝 躋于九陵勿逐 七日得
　　　　진 래 려　억 상 패　제 우 구 릉 물 축　칠 일 득

우렛소리가 위태롭다.
재물을 잃었다는 생각에 높은 산에 올라 찾지 않아도 7일이면 얻으리라.

厲: 위태할 여
億: 헤아릴 억, 생각할 억
貝: 조개 패, 재물 패
躋: 오를(登) 제
陵: 큰 언덕 릉, 산이 높을 릉
逐: 쫓을 축

> **九陵**구릉은 높은 산으로 새긴다.

[삼]　震蘇蘇 震行无眚
　　　　진 소 소　진 행 무 생

우레를 사람이 두려워하지만 우레가 쳐도 재앙은 아니다.

51. 震진

蘇: 기가 막히는 모양 소, 두려워하는 모양 소, 떠들며 움직이는 모양 소
眚: 과실 생, 허물 생, 재앙 생

[사]　震遂泥
　　　　진 수 니

우레가 진흙에 떨어졌다.

遂: 이룰 수

> ** 遂수는 '우레가 치다'의 뜻으로 새긴다.

[오]　震往來厲 意无喪 有事
　　　　진 왕 래 여　의 무 상　유 사

우렛소리가 들렸다 안 들렸다 하니 위태롭다.
마음속에 놀라는 일 없이 나랏일을 한다.

[상]　震索索 視矍矍 征凶
　　　　진 삭 삭　시 확 확　정 흉

　　震不于其躬于其鄰 无咎 婚媾有言
　　　진 불 우 기 궁 우 기 린　무 구　혼 구 유 언

249

索: 마음 불안할 삭, 두려울 삭
矍: 놀라 돌아볼 확, 놀라고 당황하여 두리번거릴 확

우렛소리에 마음이 불안하고 번개가 번쩍거림에 당황하여 두리번거리니, 평소에 하지 않던 일을 하면 흉하다. 우레가 내 몸에도 내 이웃에도 아무 영향을 미치지 못하니 허물이 없다.
혼인에 대해 혼담이 있었다.

> ** 婚媾有言혼구유언은 우레와 관계가 없다. 3.屯준괘 이효에 보이는 匪寇婚媾비구혼구와 관련이 있다. 혼담이 성사되어 3.屯준괘의 혼인예식으로 이어진 것이다.
> 그런데, 혼인예식을 기록한 3.屯준괘가 앞에 나온다. 본래의 주역괘의 순서는 지금 순서가 아니었다. 지금 순서는 편집된 것이며 원래 震진괘가 먼저였고, 3.屯준괘가 나중이었다.

> *** 51.震진괘는
> [괘] 우렛소리가 두려워도 웃으며 이야기했다. 우렛소리에 백 리 멀리까지 모두 놀라도 숟가락과 울창주를 손에서 놓지 않았다.
> [초] 우렛소리가 두려워도 웃으며 이야기하니 길하다.
> [이] 우렛소리가 위태롭다. 재물을 잃었다는 생각에 높은 산에 올라 찾지 않아도 7일이면 얻으리라.
> [삼] 우레를 사람이 두려워하지만 우레가 쳐도 재앙은 아니다.
> [사] 우레가 진흙에 떨어졌다.
> [오] 우렛소리가 들렸다 안 들렸다 하니 위태롭다. 마음속에 놀라는 일 없이 니랏일을 한다.
> [상] 우렛소리에 마음이 불안하고 번개가 번쩍거림에 당황하여 두리번거리니, 평소에 하지 않던 일을 하면 흉하다.

52. 艮간
죄인을 뒤쫓아 마침내 붙잡다

[괘] **艮其背 不獲其身 行其庭 不見其人 无咎**
간 기 배 불 획 기 신 행 기 정 불 견 기 인 무 구

뒤를 쫓았으나 그 사람을 잡지 못했다. 그 집 뜰에 갔으나 그 사람을 보지 못했다. 허물은 없다.

> *죄인의 뒤를 쫓았으나 그 사람을 아직 잡지 못했다. 그 집과 집 뜰을 수색했으나, 그 사람은 이미 도망가고 없었다. 모든 수단을 동원하여 그 사람을 추적하고 있으니 허물은 없다.

艮: 그칠 간, 한정할 간
背: 등 배, 뒤 배
獲: 잡을 획
身: 몸 신
庭: 뜰 정

> ** 艮간괘에서 艮간의 뜻은 쫓다, 추적하다, 붙잡다, 로 새긴다.

> ** 艮간괘는 죄인을 추적하여 붙잡아 取調취조하는 과정을 기록한 괘이다.

[초]   **艮其趾 无咎 利永貞**
       간 기 지   무 구   이 영 정

그 죄인의 흔적을 쫓고 있으니 허물이 없다.
순조로이 장기적으로 이 일이 어떻게 전개될 것인가에 대해 점을 쳐 천지신명께 물었다.

趾: 발 지
永: 길 영, 오랠 영

> ** 趾지는 죄인의 도망간 흔적으로 새긴다.

> ** 죄인이 도망간 흔적을 계속 쫓으니 허물이 없다.

[이]   **艮其腓 不拯其隨 其心不快**
       간 기 비   부 증 기 수   기 심 불 쾌

그 장딴지를 쫓아간다. 그 죄인을 도와주는 사람이 없으며 그 뒤를 계속 추적하고 있으니 그의 마음이 매우 불안할 것이다.

52. 艮간

腓: 장딴지 비
拯: 구원할 증, 도울 증, 건질 증
隨: 따를 수, 따라갈 수, 뒤따를 수, 뒤따라 계속할 수

> ** 그 장딴지를 쫓아간다는 것은 그 죄인이 도망간 흔적을 뒤쫓아 거의 붙잡기 직전인 상황이다. 죄인을 붙잡기 직전이므로, 그 죄인의 마음이 매우 불안할 것이다.
>
> **56.旅여괘 사효에 비슷한 표현인 我心不快아심불쾌가 보인다.

[삼] **艮其限 列其夤 厲薰心**
간 기 한 열 기 인 여 훈 심

끝까지 쫓아갈 것이다. 그 죄인을 계속 추적한다. 위태로우니, 마음을 태운다.

> * 그 죄인을 끝까지 뒤쫓아 붙잡을 것이다. 그 죄인을 계속 추적한다. 아직은 위태로우니, 불안하여 마음을 태운다.

限: 끝 한, 한계 한
列: 순서 열, 베풀 열
夤: 나아갈 인, 인연 맺을 인, 멀 인, 붙따를 인
薰: 향풀 훈, 향내 훈, 태울 훈

> ** 列열은 베풀다, 계속하다, 로 새긴다.

> ** 贔인은 붙따르다, 추적하다, 로 새긴다.

[사] **艮其身 无咎**
　　　간 기 신　무 구

그 사람의 몸을 붙잡았으니, 허물이 없다.

> ** 其身기신은 그 죄인의 身柄신병으로 새긴다.
> 그 죄인을 붙잡아 신병을 확보했으니, 허물이 없다.

[오] **艮其輔 言有序 悔亡**
　　　간 기 보　언 유 서　회 망

광대뼈를 붙잡고 자백을 순서대로 받으니 후회할 일은 없다.

> * 그 죄인을 붙잡아 결박하여 얼굴마저 못 움직이게 하여
> 그 罪狀죄상을 순서대로 낱낱이 자백 받으니 후회할 일은
> 없다.

輔: 광대뼈 보, 광대뼈와 잇몸 보

> ** 輔보는 광대뼈 > 얼굴로 새긴다.

52. 艮간

[상] **敦艮 吉**
돈 간 길

꼼짝 못 하도록 핍박하여 붙잡아 두니 길하다.

敦: 도타울 돈, 핍박할(迫) 돈, 힘쓸 돈

> ** 敦돈은 꼼짝 못 하도록 핍박하다, 의 뜻으로 새긴다.

> *** 52.艮간괘는
> [괘] 뒤를 쫓았으나 그 사람을 잡지 못했다. 그 집 뜰에 갔으나 그 사람을 보지 못했다.
> [초] 그 죄인의 흔적을 쫓고 있으니 허물이 없다.
> [이] 그 죄인을 도와주는 사람이 없으며 그 뒤를 계속 추적하고 있다.
> [삼] 그 죄인을 끝까지 쫓아갈 것이다.
> [사] 그 죄인을 붙잡아 신병을 확보했으니, 허물이 없으며
> [오] 광대뼈를 붙잡고 자백을 순서대로 받으니 후회할 일은 없으리라.
> [상] 그 죄인을 꼼짝 못 하도록 핍박하여 붙잡아 두니 길하다.

53. 漸점
큰기러기가 육지로 날아가다

[괘] **女歸吉 利貞**
　　　여 귀 길 　이 정

여자가 시집가니 길하다.
순조로이 점을 쳐 천지신명께 물었다.

[초] **鴻漸于干 小子厲 有言无咎**
　　　홍 점 우 간 　소 자 려 　유 언 무 구

큰기러기가 물가로 날아간다.
막내아들이 염려스러우나, 같이 이야기하니 허물이 없다.

鴻: 큰기러기 홍
漸: 나아갈 점
干: 물가(水涯) 간

53. 漸점

> ** 큰기러기는 오릿과의 하나로 몸의 길이는 80센티미터 정도이며 등쪽이 어두운 누런 갈색이고 배는 잿빛 흰색이다. 부리는 검은색이고 그 끝에 등황색의 띠가 있다.

> ** 漸점은 나아가다, 날아가다, 로 새긴다. 漸進점진의 뜻이다.

[이] **鴻漸于磐 飮食衎衎 吉**
　　　홍 점 우 반　음 식 간 간　길

큰기러기가 너럭바위로 날아간다.
먹고 마시며 즐기니 길하다.

磐: 너럭바위 반
衎: 즐길 간

> ** 시경 小雅소아 南有嘉魚之什남유가어지습
> 嘉賓式燕以衎 가빈식연이간
> 좋은 손님과 잔치하며 즐기네

[삼] **鴻漸于陸 夫征不復 婦孕不育 凶 利禦寇**
　　　홍점우륙 부정불복 부잉불육 흉　이 어 구

큰기러기가 육지로 날아간다. 남편이 군대에 가서 돌아오지 않고 아내는 임신하여 아직 출산 전이니 흉하다. 순조로이, 험한 일은 막아야 한다.

禦: 거느릴 어, 모실 어, 권할 어, 막을 어, 머무를 어

寇: 떼도둑 구, 원수 구, 사나울 구, 겁탈할 구, 물건 많을 구

[사] **鴻漸于木 或得其桷 无咎**
　　　 홍 점 우 목 　혹 득 기 각　 무 구

큰기러기가 나무로 날아가다 각나무에 앉기도 하니 허물이 없다.

桷: 나무 이름 각, 가로 뻗은 가지 각

> ** 桷라나무는 나무 이름이다. 음력 2월에 꽃이 피며, 열매는 계란과 비슷하다.

[오] **鴻漸于陵 婦三歲不孕 終莫之勝 吉**
　　　 홍 점 우 릉 　부 삼 세 불 잉 　종 막 지 승　 길

큰기러기가 높은 산으로 날아간다.
아내가 3년 동안 임신을 못 하나 끝내는 불가능이 가능으로 변하여 이를 극복할 것이니 길하다.

陵: 큰 언덕 릉, 산이 높을 릉

莫: 없을 막, 불가할 막

勝: 견딜 승, 이길 승, 나을 승

53. 漸점

> ** 之지는 가다, 변하다로 새긴다.
> 左傳좌전과 國語국어에 점친 사례가 나오는데, 예를 들어
> '乾之比건지비'는 건괘가 비괘로 변했다는 뜻이다. 之지는
> 변하다, 라는 뜻이다. 그러므로, 莫之勝막지승은 불가능한
> 일이 가능한 일로 바뀌다, 로 새긴다.

> ** 3년 동안 임신하지 못하지만, 결국은 임신할 것이니 길
> 하다.

[상] 鴻漸于陸 其羽可用為儀 吉
홍 점 우 륙 기 우 가 용 위 의 길

큰기러기가 육지로 날아간다.
큰기러기의 깃털을 장식용으로 쓰니 길하다.

儀: 거동 의, 본뜰 의

> ** 큰기러기를 잡아 깃털을 옷과 머리를 장식하는 용도로
> 쓰니 길하다.

*** 53.漸점괘는
[괘] 여자가 시집가니 길하다.
[초] 큰기러기가 물가로 날아간다. 막내아들이 염려스러우나, 같이 이야기하니 허물이 없다.
[이] 큰기러기가 너럭바위로 날아간다, 먹고 마시며 즐기니 길하다.
[삼] 큰기러기가 육지로 날아간다. 남편이 군대에 가서 돌아오지 않고 아내는 임신하여 아직 출산 전이니 흉하다. 순조로이, 험한 일은 막아야 한다.
[사] 큰기러기가 나무로 날아가다 각나무에 앉기도 한다.
[오] 큰기러기가 높은 산으로 날아간다. 아내가 3년 동안 임신을 못 하나 끝내는 불가능이 가능으로 변하여 이를 극복할 것이니 길하다.
[상] 큰기러기가 육지로 날아간다. 큰기러기의 깃털을 장식용으로 쓰니 길하다.

54. 歸妹귀매
광주리에 과일이 없고 양을 잡았으나 고기가 없다

☷
☱

[괘]   征凶 无攸利
      정 흉 무 유 리

새로운 일을 하였으나 결과가 흉하다. 순조로운 바가 없다.

> ** 征정은 往왕과 대비되는 글자로 새로운 일을 하다, 새로이 시도하다, 등으로 새긴다.

[초]   歸妹以娣 跛能履 征吉
      귀 매 이 제 파 능 리 정 길

여자가 시집가면서 누이동생과 함께 갔다.
절름발이도 걸을 수 있으므로 시집갔으니 길하다.

娣: 누이동생 제
跛: 절름발이 파

> ** 歸妹귀매는 '여자가 시집가다'라는 뜻이다.

> ** 征정은 가다(行), 치다(伐), 취하다(取)의 여러 뜻이 있는데, '시집가다'는 뜻으로 쓰인다.
> 초효에서 歸妹귀매와 征정은 같은 뜻이다.

> ** 女子同出先生爲姒 後生爲娣 여자동출선생위사 후생위제라 하여 언니는 姒사, 누이동생은 娣제이다.

> ** 옛날에 시집가는 신부를 따라가는 여인을 媵妾잉첩이라 하였다.

[이] **眇能視 利幽人之貞**
　　　　묘 능 시　이 유 인 지 정

애꾸눈이 능히 볼 수 있다. 순조로이 幽人유인에 대하여 점을 쳐 천지신명께 물었다.

> ** 幽人유인은 어지러운 세상을 피하여 조용한 곳에 숨어 사는 사람이다. 10.履이괘 이효에 幽人유인이 보이고, 삼효에 眇能視묘능시가 보인다.

[삼] **歸妹以須 反歸以娣**
　　　　귀 매 이 수　반 귀 이 제

여자가 나이 많은 남자에게 시집을 갔으나, 누이동생과 함께 되돌아 왔다.

須: 수염 수

54. 歸妹귀매

> ** 須수는 나이 많은 남자로 새긴다.

[사] **歸妹愆期 遲歸有時**
　　　귀 매 건 기　지 귀 유 시

여자가 시집가는 시기를 놓쳤으나, 늦게나마 시집간다.

愆: 어그러질 건, 어길 건, 지나칠 건, 초과할 건
遲: 더딜 지, 늦을 지, 천천히 할 지, 오랠 지, 기다릴 지

[오] **帝乙歸妹 其君之袂**
　　　제 을 귀 매　기 군 지 메

　　不如其娣之袂良 月幾望 吉
　　　불 여 기 제 지 메 량　월 기 망　길

제을이 딸을 시집보내는데 시집가는 딸의 소매가 함께 간 누이동생의 소매보다 예쁘지 않다.
달은 보름이 지났으니 길하다.

袂: 소매 메
良: 아름다울 량

> ** 소매는 완곡한 표현이며, 여인의 용모나 자태로 새겨야 한다.

[상] 女承筐无實 士刲羊无血 无攸利
여 승 광 무 실 사 규 양 무 혈 무 유 리

여자가 광주리를 받아 들었으나 과일이 없고, 남자가 양을 잡았으나 고기가 없다. 순조로운 바가 없다.

承: 받들 승
筐: 소쿠리 광, 광주리 광
刲: 찌를 규, 벨 규
血: 피 혈

> ** 혼인이 어그러져 깨어진 것을 비유한다.

> ** 血혈은 짐승을 갓 잡아 피가 묻어나는 날고기로 새긴다.

> ** 女承筐无實여승광무실과 士刲羊无血사규양무혈이 대구다.

> *** 54.歸妹귀매괘는
> [괘] 새로운 일을 하였으나 결과가 흉하다. 순조로운 바가 없다.
> [초] 여자가 시집가면서 누이동생과 함께 갔다. 절름발이도 걸을 수 있으므로 시집갔으니 길하다.
> [이] 눈먼 사람이 볼 수 있다. 순조로이 幽人유인에 대하여 점을 쳐 천지신명께 물었다.
> [삼] 여자가 나이 많은 남자에게 시집을 갔으나, 누이동생과 함께 되돌아왔다.

54. 歸妹귀매

[사] 여자가 시집가는 시기를 놓쳤으나, 늦게나마 시집간다.
[오] 제을이 딸을 시집보내는데 시집가는 딸의 소매가 함께 간 누이동생의 소매보다 예쁘지 않다.
[상] 여자가 광주리를 받아 들었으나 과일이 없고, 남자가 양을 잡았으나 고기가 없다. 순조로운 바가 없다.

55. 豐풍
대낮에 개기일식이 일어나다

䷶

[괘] 亨 王假之 勿憂 宜日中
　　　형　왕격지　물우　의일중

제사 지내고 음복했다.
대낮에 왕이 오셨으나 근심할 일은 아니다.

> **勿憂물우는 왕이 근심하지 않아도 된다는 뜻이지만, 나랏일을 하는 신하들에게 심각한 근심거리가 발생했다. 이효에 보이는 개기일식이 발생한 것이다.

[초] 遇其配主 雖旬无咎 往有尚
　　　우 기 배 주　수 순 무 구　왕 유 상

선왕의 신주에 제사 지내는 것이 꼭 1년 만이니 허물이 없다. 늘 해 오던 대로 높이 받든다.

主: 임금 주
雖: 惟유(옛날에 雖유와 惟유가 동일했다)

55. 豐풍

惟: 오직 유
旬: 해가 찰 순
尙: 숭상할 상, 귀히 여길 상, 높일 상, 받들 상
신주: 죽은 사람의 위패

> ** 遇우: 만나다 > 죽은 선왕을 만나다 > 제사 지내다

> ** 配主배주는 종묘에서 받드는 선왕의 위패이다. 위패는 죽은 사람의 이름을 적은 나무패이다.

[이]　**豐其蔀 日中見斗 往得疑疾 有孚發若 吉**
　　　풍 기 부　일 중 견 두　왕 득 의 질　유 부 발 약　　길

햇볕이 다 가려 어두워져 대낮에 별이 보인다. 과거에 문헌으로 보거나 말로만 듣던 이러한 천문 현상이 있을까 의심하고 근심했으나, 직접 그 현상(孚)을 눈앞에서 보니 모든 것이 명백하게 펼쳐지는(發) 듯하여 길하다.

豐: 클 풍, 넉넉할 풍, 무성할 풍, 우거질 풍
蔀: 1. 햇볕을 가리는 차양 부
　　2. 고대 역법에서 72년을 이르던 말
斗두: 북두칠성과 남두육성을 두루 가리키는 말, 뭇별
疾: 근심할 질

> ** 주례 春官宗伯춘관종백 眠祲시침은 천문 현상을 관찰하는 관리이다.

> ** 이효는 개기일식을 기록한 효사인데, 眠祲시침이 책이나 구전으로만 접하던 개기일식을 직접 경험한 것이다.

> ** 주례 春官宗伯춘관종백
> 眠祲掌十煇之法以觀妖祥 辨吉凶 시침장십휘지법이관요상 변길흉
> 시침이 태양의 열 가지 모습을 맡아 요상한 기운과 상서로운 기운을 관찰하고 길흉을 판별한다.

[삼] **豐其沛 日中見沫 折其右肱 无咎**
　　풍 기 패　일 중 견 매　절 기 우 굉　무 구

혜성을 대낮에도 볼 수 있는데, 그 혜성의 오른쪽 팔뚝이 부러졌으나 허물이 없다.

> ** 沛패와 沫매는 함께 혜성으로 새긴다. 혜성은 아침이나 해 질 녘에 볼 수 있다. 두 개의 꼬리 끝 부분이 희미하므로 마치 팔뚝이 부러진 것처럼 보이는 것을 표현한 것이다.

[사] **豐其蔀 日中見斗 遇其夷主 吉**
　　풍 기 부　일 중 견 두　우 기 이 주　길

햇볕이 다 가려 어두워져 대낮에 별이 보인다. 종묘에서 왕의 윗대 조상에 제사 지내니 길하다.

55. 豐풍

> ** 夷主이주는 선왕의 위패인 配主배주보다 더 윗대 조상의 위패이다.

[오]　　來章 有慶譽 吉
　　　　내 장　유 경 예　길

천문 현상의 지식을 알아내어 기쁘고 즐거우니 길하다.

章: 사항을 이루고 글을 이룰 장, 크게 나눌 장
慶: 기쁠 경
譽: 기릴 예, 칭찬할 예, 즐거울 예

> ** 章장은 일식 현상과 혜성을 직접 눈으로 보아 체험하여 알아낸 천문 지식으로 새긴다.

[상]　　豐其屋 蔀其家 闚其戶闃其无人
　　　　풍 기 옥　부 기 가　규 기 호 격 기 무 인

　　　　三歲不覿 凶
　　　　삼 세 부 적　흉

집이 크나 집 안이 어둡다.
문밖에서 엿보니 매우 고요하고 사람이 없다.
3년 동안 보지 못하니 흉하다.

闚: 엿볼 규

闃: 고요할 격

> *** 55. 豊풍괘는
> [괘] 제사 지내고 음복했다. 대낮에 왕이 오셨으나 근심할 일은 아니다.
> [초] 선왕의 신주에 제사 지내는 것이 꼭 1년 만이니 허물이 없다.
> [이] 햇볕이 다 가려 어두워져 대낮에 별이 보인다.
> [삼] 큰 혜성을 대낮에도 볼 수 있는데, 그 혜성의 오른쪽 팔뚝이 부러졌으나 허물이 없다.
> [사] 햇볕이 다 가려 어두워져 대낮에 별이 보인다. 종묘에서 왕의 윗대 조상에 제사 지내니 길하다.
> [오] 천문 현상의 지식을 알아내어 기쁘고 즐거우니 길하다.
> [상] 집이 크나 집 안이 어둡다. 문밖에서 엿보니 매우 고요하고 사람이 없다. 3년 동안 보지 못하니 흉하다.

56. 旅여
군대가 주둔하며 민폐를 끼치다

[괘] **小亨 旅貞吉**
　　　소 형　여 정 길

작게 제사 지내고 음복했다.
군대에 대해 점을 쳐 천지신명께 물으니 길하다.

> ** 주례 夏官司馬하관사마 軍制군제에 5백 명을 旅여라 하는데 旅帥여수는 下大夫하대부로 임명한다. 旅여는 군대로 해석한다.

[초] **旅瑣瑣 斯其所取災**
　　　여 쇄 쇄　사 기 소 취 재

군대가 사소한 일로 좀스럽게 따지면 이는 재앙을 불러들이는 원인이 된다.

> * 군대가 사소한 일로 좀스럽게 따지면 바람직하지 않아서, 이는 재앙을 부르는 원인이 된다.

瑣: 옥 부스러기 쇄, 작아서 힘이 없는 모양 쇄, 좀스러운 모양 쇄

> ** 군대의 훈련과 출정은 군율에 따라 엄격하고 대범하게 처리해야 하며 사소한 이익에 얽매이거나 백성에 폐를 끼치는 행동은 금물이다. 7.師사괘 초효 師出以律사출이율과 비슷한 의미이다.

[이] 旅即次 懷其資 得童僕 貞
　　　 여 즉 차　회 기 자　득 동 복　정

군대가 머물려면 재물이 필요하며 또한 나이 어린 하인들도 반드시 있어야 한다.
점을 쳐 천지신명께 물었다.

次: 군사 머무를 차

懷: 쌀 회, 품을 회, 감출 회

資: 재물 자

得: 얻을 득, 손에 넣을 득

僕: 시중 드는 사람 복, 마부 복, 무리 복, 종 복

> ** 資자는 次(군사 머무를 차)와 貝(조개 패, 재물 또는 재화)를 합한 글자이다. 그래서 '군대가 머물 때 들어가는 재물' 즉 군사물자란 뜻으로 새길 수 있다.

56. 旅여

> ** 군대가 주둔하려면 군사물자가 필요하며, 또한 짐을 져 나르고 심부름하는 비전투 인력이 반드시 있어야 한다. 고대의 군대는 전투 인력과 비전투 인력이 명확히 구분되어 있었다. 童僕동복은 군대에서 밥을 짓고 짐을 져 나르고 심부름하는 나이 어린 하인들로 새긴다.

[삼] **旅焚其次 喪其童僕 貞厲**
　　　 여 분 기 차　상 기 동 복　정 려

군대가 머물던 곳을 불사르고, 나이 어린 하인들을 잃어버렸다. 점을 쳐 천지신명께 물으니 위태롭다.

焚: 불사를 분
喪: 잃을 상, 잃어버릴 상

> ** 군대가 머물던 곳의 흔적을 없애기 위해 불살라 깨끗이 치우고, 그동안 부리던 비전투 인력인 나이 어린 하인들을 고향으로 돌려보낸 것이다.

[사] **旅于處 得其資斧 我心不快**
　　　 여 우 처　득 기 자 부　아 심 불 쾌

군대가 머물던 곳에서 백성의 재물과 돈을 얻었으니 내 마음이 불쾌하다.

得: 얻을 득, 탐할 득

> ** 군대가 사람이 사는 성읍 가까이에 머물면 백성에게 민폐를 끼치기 마련이다. 재물이나 돈, 휴식하는 곳 등을 민간에서 제공받는 일이 생긴다. 資斧자부는 재물이나 돈이다. 資자는 재물이고 斧부는 도끼 모양을 한 화폐이다. 고대에 칼이나 도끼 모양을 한 화폐가 통용되었다.

[오]　射雉一矢亡 終以譽命
　　　석 치 일 시 망　종 이 예 명

화살 한 대로 꿩을 쏘아 잡으니, 마지막에 칭찬을 듣는다.

雉: 꿩 치
譽: 기릴 예, 칭찬할 예, 즐거울 예

[상]　鳥焚其巢 旅人先笑後號咷 喪牛于易 凶
　　　조 분 기 소　여 인 선 소 후 호 도　상 우 우 역　흉

둥지가 불타 버린 새처럼, 군사들이 처음에 웃다가 나중엔 울부짖으니, 상우우역의 고사처럼 흉하다.

> ** 喪牛于易상우우역의 고사는 왕해가 키우던 양과 소를 유역씨에게 빼앗겼으나, 나중에 왕해가 죽고 그 아들이 원수를 갚았다는 고사이다. 상우우역의 故事고사는 새옹지마의 고사와 비슷하다.

> ** 삼효와 연관되어, 군대가 그 머물던 곳을 불사르고 나이 어린 하인들을 잃어버렸으니 흉하다.

56. 旅려

> ** 34.大壯대장괘 오효에 喪羊于易상양우역이 보이는데, 상우 우역과 같은 말이다.

> *** 56.旅려괘는
> [괘] 군대에 대해 점을 쳐 천지신명께 물으니 길하다.
> [초] 군대가 사소한 일로 좀스럽게 따지면 이는 재앙을 불러들이는 원인이 된다.
> [이] 군대가 머물려면 재물이 필요하며 또한 나이 어린 하인들도 반드시 있어야 한다.
> [삼] 군대가 머물던 곳을 불사르고, 나이 어린 하인들을 잃어버렸다.
> [사] 군대가 머물던 곳에서 백성의 재물과 돈을 얻었으니 내 마음이 불쾌하다.
> [오] 화살 한 대로 꿩을 쏘아 잡으니, 마지막에 칭찬을 듣는다.
> [상] 둥지가 불타 버린 새처럼, 군사들이 처음에 웃다가 나중에 울부짖으니, 상우우역의 고사처럼 흉하다.

57. 巽손
나아갈 것인가 물러설 것인가

[괘] **小亨 利有攸往 利見大人**
　　　소 형　이 유 유 왕　이 견 대 인

작게 제사 지내고 음복했다.
순조로이 나랏일을 하며, 예를 갖추어 대인을 만났다.

> ** 巽손은 選선으로 새겨야 한다. 占卜점복으로 선택하는 것
> 에 대한 괘이다.

[초] **進退 利武人之貞**
　　　진 퇴　이 무 인 지 정

나아갈 것인가 물러설 것인가 순조로이 무인에 대해 점을 쳐 천지신명께 물었다.

> ** 武人무인: 무관의 직에 있는 사람
> ** 무관: 군에 적을 두고 군사 일을 맡아 보는 관리

57. 巽손

> ** 대인을 만나서 무인에 대해 점을 친 것은 무인을 관직에 임명하는 일에 관한 것이다.

[이]　**巽在床下 用史巫紛若 吉 无咎**
　　　손 재 상 하　용 사 무 분 약　길　무 구

선택하기 위해 상에 내려놓고 점을 치는 사람의 모습이 번잡하지만 길하고 허물이 없다.

下: 내릴 하
紛: 어지러울 분, 번잡할 분
번잡하다: 번거롭게 뒤섞여 어수선하다.

> ** 巽손은 選선으로 새긴다. 점복의 결과로 선택하는 것이 巽손이다.

> ** 史巫사무는 점을 치는 사람으로 새긴다.

[삼]　**頻巽 吝**
　　　빈 손 인

잇달아 점을 쳐 선택하면 위태롭다.

頻: 자꾸 빈, 잇달아 빈

> ** 頻巽빈손은 頻選빈선으로 새긴다.

[사]　　**悔亡 田獲三品**
　　　　회 망　전 획 삼 품

후회할 일은 없으리라.
사냥을 나가 세 마리 짐승을 잡았다.

> ** 40.解해괘 초효가 无咎무구, 이효가 田獲三狐 得黃矢 貞
> 吉 전획삼호 득황시 정길이다. 悔亡 田獲三品 회망 전획삼품은 애초
> 에 40.解해괘에 기록되어 있었으나 훗날 편집 과정에서
> 巽손괘로 자리가 바뀌었다고 생각한다.

[오]　　**貞吉 悔亡 无不利 无初有終**
　　　　정길 회망 무불리 무초유종

　　　　先庚三日 後庚三日 吉
　　　　선경삼일　후경삼일　길

점을 쳐 천지신명께 물으니 길하다.
후회할 일은 없으리라. 순조롭지 않음이 없다.
처음은 없으나 마지막은 있다.
경일의 3일 전부터 경일의 3일 후까지 길하다.

57. 巽손

[상]　**巽在床下 喪其資斧貞凶**
　　　손 재 상 하　상 기 자 부 정 흉

선택하기 위해 상에 내려놓고, 그 재물을 잃어버릴 것인가에 대해 점을 쳐 천지신명께 물으니 흉하다.

喪: 잃을 상

資斧자부: 재물, 재산, 돈, 화폐

> ** 巽손은 選선으로 새긴다.

> *** 57.巽손괘는
> [괘] 작게 제사 지내고 음복했다. 순조로이 나랏일을 하며, 예를 갖추어 대인을 만났다.
> [초] 나아갈 것인가 물러설 것인가 순조로이 무인에 대해 점을 쳐 천지신명께 물었다.
> [이] 선택하기 위해 상에 내려놓고 점을 치는 사람의 모습이 번잡하지만 길하고 허물이 없다.
> [삼] 잇달아 점을 쳐 선택하면 위태롭다.
> [사] 후회할 일은 없으리라. 사냥을 나가 세 마리 짐승을 잡았다.
> [오] 처음은 없으나 마지막은 있다. 경일의 3일 전부터 경일의 3일 후까지 길하다.
> [상] 선택하기 위해 상에 내려놓고, 그 재물을 잃어버릴 것인가에 대해 점을 쳐 천지신명께 물으니 흉하다.

58. 兌태
서로 화합하여 기뻐하다

[괘]　亨 利貞
　　　형　이정

제사 지내고 음복했다.
순조로이 점을 쳐 천지신명께 물었다.

兌: 기쁠 태. 說(기쁠 열, 즐거울 열)과 같다

[초]　和兌 吉
　　　화 태　길

서로 화합하여 기뻐한다. 길하다.

[이]　孚兌吉 悔亡
　　　부 태 길　회 망

58. 兌태

모든 백성이 기뻐해야 길하다.
후회할 일은 없으리라.

> ** 孚부는 주나라 백성으로 새긴다.

[삼]   來兌 凶
         내 태 흉

와서 기뻐한다. 흉하다.

> * 누군가 와서 혼자 떠들며 기뻐한다. 흉하다.

[사]   商兌 未寧介疾有喜
         상 태 미 녕 개 질 유 희

헤아리며 기뻐한다.
불편했던 큰 근심거리가 사라졌다.

商: 헤아릴 상

> ** 寧녕은 편안하다, 또는 결정하다, 로 새긴다.

> ** 疾질은 근심거리, 골칫거리이다.

> ** 有喜유희는 병이 낫다, 근심거리가 사라지다, 라는 뜻이다.

[오]　孚于剝 有厲
　　　　부 우 박　유 려

백성이 어려움에 처했으니 위태로움이 남아 있다.

> ** 孚부는 백성으로 새기며, 剝박은 재물과 집이 없는 곤란한 처지로 새긴다.

[상]　引兌
　　　　인 태

길게 기뻐한다.

> * 즐거움이 길게 이어진다.

引: 끌 인, 당길 인, 늘일 인

> *** 58.兌태괘는
> [괘] 제사 지내고 음복했다. 순조로이 점을 쳐 천지신명께 물었다.
> [초] 서로 화합하며 기뻐한다. 길하다.
> [이] 모든 백성이 기뻐해야 길하다. 후회할 일은 없으리라.
> [삼] 누군가 와서 혼자 떠들며 기뻐한다. 흉하다.
> [사] 헤아리며 기뻐한다. 불편했던 큰 근심거리가 사라졌다.
> [오] 백성이 어려움에 처했으니 위태로움이 남아 있다.
> [상] 즐거움이 길게 이어진다.

59. 渙환
순조로이 수도를 옮기다

[괘] **亨 王假有廟 利涉大川 利貞**
형 왕격유묘 이섭대천 이정

제사 지내고 음복했다.
왕이 종묘에 왔다.
순조로이 이나라 수도를 옮긴다.
순조로이 점을 쳐 천지신명께 물었다.

假: 이를 격

> ** 수도를 옮기기 위해 왕이 종묘에 왔다. 涉大川섭대천은 수도를 옮기는 것을 말한다.

> ** 廟묘는 宗廟종묘이다. 종묘는 왕이 신하들과 조회하고 머무는 공간이다. 종묘가 선군의 위패를 모시는 사당이란 뜻으로 변한 것은 秦진나라 이후이다.

> ** 渙환은 옮기다, 바꾸다, 라는 의미이다. 渙환괘는 수도를 옮기며 말에 짐을 싣고 이동하는 과정, 왕이 거처를 옮기는 모습을 기록했다.

[초] **用拯馬壯 吉**
　　　　용 증 마 장 　길

힘센 말을 이끌고 가니 길하다.

> ** 수도를 옮기며 말에 짐을 실어 옮기는데, 말을 여러 마리 동원한 모습이다.

> ** 36.明夷명이괘 이효에 用拯馬壯 吉용증마장 길이 보인다.

[이] **渙奔其机 悔亡**
　　　환 분 기 궤 　회 망

관청의 주요 집기를 옮기느라 분주하다.
후회할 일은 없으리라.

奔: 분주할 분

机: 책상 궤

> ** 机궤는 관청의 탁자, 주요 집기 등으로 새긴다.

[삼] **渙其躬 无悔**
　　　환 기 궁 　무 회

59. 渙환

몸소 옮긴다.
후회할 일이 없다.

躬: 몸 궁, 몸소 궁, 친히 궁

> ** 관리와 군사가 짐을 옮기느라 다들 분주한 모습을 기록했다.

[사] **渙其群元吉 渙有丘匪夷所思**
환 기 군 원 길 환 유 구 비 이 소 사

관리와 군사가 무리 지어 함께 옮기니 크게 길하다.
옮겨 가는 자리가 높은 곳에 있으니, 생각했던 평지는 아니다.

丘: 언덕 구
夷: 평평할 이, 쉬울 이

> ** 고대에 일반적으로 수도를 산 위에 건설했다. 지대가 높은 곳은 적군을 방어하거나 산성을 쌓기에 유리하기 때문이다.

[오] **渙汗其大號 渙王居 无咎**
환 한 기 대 호 환 왕 거 무 구

크게 구호를 외치며 땀을 흘리며 옮긴다.
왕의 거처도 옮기니 허물이 없다.

汗: 땀 한

[상] 渙其 血去逖出 无咎
      환 기 혈 거 척 출 무 구

수도를 옮겨 근심이 없어지고 두려움이 사라지니 허물이 없다.

> * 수도를 옮기는 큰일을 앞두고 걱정했으나 무사히 옮겨
>   근심이 없어지고 두려움이 사라지니 허물이 없다.

血: 근심스런 빛 혈

逖: 두려워할 척

> ** 9.小畜소축괘 사효에 血去혈거가 보인다.

> *** 59.渙환괘는
> [괘] 왕이 종묘에 왔다. 순조로이 이나라 수도를 옮긴다.
> [초] 힘센 말을 이끌고 가니 길하다.
> [이] 관청의 주요 집기를 옮기느라 분주하다.
> [삼] 몸소 옮긴다.
> [사] 관리와 군사가 무리 지어 함께 옮기니 크게 길하다.
>   옮겨 가는 자리가 높은 곳에 있다.
> [오] 크게 구호를 외치며 땀을 흘리며 옮긴다. 왕의 거처도
>   옮기니 허물이 없다.
> [상] 수도를 옮겨 근심이 없어지고 두려움이 사라지니 허
>   물이 없다.

60. 節절
편안하고 즐겁게 절제하니 길하다

[괘] 亨 苦節 不可貞
　　　형　고절　불가정

제사 지내고 음복했다.
힘들게 절제한다.
점을 쳐 천지신명께 물을 수 없다.

> ** 節절은 본래 뜻인 대나무 마디라는 뜻에서 절제, 절약 등의 뜻으로 파생되었다.

[초] 不出戶庭 无咎
　　　불 출 호 정　무 구

집 안의 뜰에 나가지 않으니 허물이 없다.

庭정: 1. 집 안의 뜰
　　　2. 朝庭조정

[이]　　**不出門庭 凶**
　　　　　불 출 문 정　흉

대문 앞의 뜰에 나가지 않으니 흉하다.

[삼]　　**不節若 則嗟若 无咎**
　　　　부 절 약　즉 차 약　무 구

절제하지 않으면 후회하여 탄식할 것이다. 허물이 없다.

> ＊ 절제하지 않으면 후회하여 탄식할 것이고, 절제하면 허물이 없으리라.

嗟: 탄식할 차, 슬플 차

[사]　　**安節 亨**
　　　　안 절　형

편안하게 절제한다.
제사 지내고 음복했다.

60. 節절

[오]　**甘節 吉 往有尚**
　　　　감 절　길　왕 유 상

즐겁게 절제하니 길하다.
나랏일을 하는데 돕는 사람이 있다.

甘: 달 감
尙: 도울 상, 귀히 여길 상

[상]　**苦節 貞凶 悔亡**
　　　　고 절　정 흉　회 망

힘들게 절제한다.
점을 쳐 천지신명께 물으니 흉하나, 후회할 일은 없으리라.

苦: 괴로울 고

*** 60. 節절괘는
[괘] 힘들게 절제한다.
[초] 집 안의 뜰에 나가지 않으니 허물이 없다.
[이] 대문 앞의 뜰에 나가지 않으니 흉하다.
[삼] 절제하지 않으면 후회하여 탄식할 것이고, 절제하면 허물이 없으리라.
[사] 편안하게 절제한다.
[오] 즐겁게 절제하니 길하다. 나랏일을 하는데 돕는 사람이 있다.
[상] 힘들게 절제한다. 점을 쳐 천지신명께 물으니 흉하나, 후회할 일은 없으리라.

61. 中孚중부
벗과 함께 밤새 즐기다

[괘] **豚魚吉 利涉大川 利貞**
돈 어 길 이 섭 대 천 이 정

돼지고기와 물고기로 제사 지내니 길하다.
순조로이 이나라 수도를 옮겨야 한다.
순조로이 점을 쳐 천지신명께 물었다.

> ** 豚魚돈어는 돼지고기와 물고기로, 제사 지낼 때 올리는 제물이다.

[초] **虞吉 有它不燕**
우 길 유 타 불 연

즐거우니 길하다.
그렇지 않으면 잔치가 아니다.

> * 편안하고 즐거워야 길하다. 즐겁지 않으면 잔치가 아니다.

61. 中孚중부

虞: 즐길 우
燕: 잔치 연, 饗宴향연 연, 宴會연회 연

[이]　**鳴鶴在陰 其子和之**
　　　　명 학 재 음　기 자 화 지

　　　我有好爵 吾與爾靡之
　　　　아 유 호 작　오 여 이 미 지

두루미가 나무 그늘에서 우니 다른 두루미도 따라 운다. 내게 좋은 술이 있으니 나와 너 같이 마시며 즐기자.

鶴: 두루미 학
和: 화답할 화
爵: 술잔 작, 잔 작
吾: 나 오
爾: 너 이
靡: 사치할 미, 호사할 미

> ** 爵작은 참새 부리 모양을 한 술잔인데, 여기서는 좋은 술로 새긴다.

> ** 주나라는 제사 지내고 음복할 때 이외에는 음주를 금지했다. 그래서 음주는 제사와 관련이 있다.

[삼]　**得敵 或鼓或罷或泣或歌**
　　　　득 적　혹 고 혹 파 혹 읍 혹 가

함께 장단을 치다가 잠시 쉬며 눈물짓다 노래한다.

敵: 짝 적, 대할 적
鼓: 칠 고, 두드릴 고
罷: 쉴 파, 그칠 파
泣: 눈물 줄줄 흐를 읍, 울 읍

> ** 敵적은 짝, 마주한 사람이란 뜻이다. 得敵득적은 '함께'로 새긴다.

[사]　**月幾望 馬匹亡 无咎**
　　　　월 기 망　마 필 망　무 구

달은 보름이 지났다. 말이 없어졌으나 허물이 없다.

> * 밤 깊어 달 밝은데, 함께 장단을 치다가 잠시 쉬며 눈물짓다 노래하던 벗은 내 말을 타고 귀가했으니 허물이 없다.

[오]　**有孚攣如 无咎**
　　　　유 부 연 여　무 구

천지신명이 보살피고 돌아보니 허물이 없다.

61. 中孚중부

攣: 맬 연, 돌아볼 연, 생각할 연

> ** 나랏일을 돌보는 관리로서 천지신명과 통하여 교감한다.

[상] **翰音登于天 貞凶**
　　　한 음 등 우 천　　정 흉

닭 우는 소리 하늘 높이 울려 퍼진다.
점을 쳐 천지신명께 물으니 흉하다.

> ** 밤새 함께 즐기다가 벗이 귀가하고 천지신명과 통하여 교감하며 나랏일을 걱정하는 사이 닭 우는 소리 크게 들린다. 벌써 새날이 밝아온다.

> ** 翰한은 닭이다.
> 닭이 아닌 다른 새를 翰한이라 부를 때도 있다. 주나라 역사서가 주서인데, 원본은 잃어버리고 남은 편들로만 구성된 역사서가 逸周書일주서이다. 일주서에 大翰若翬雉 一名鷫風 周成王時 獻之 대한약휘치 일명신풍 주성왕시 헌지라 기록되어 있다. 大翰대한이 오색찬란한 꿩처럼 생겼는데, 달리 鷫風신풍이라고도 하며 주나라 성왕 때 이것이 바쳐졌다는 뜻이다.

> **22.賁비괘 사효에 보이는 翰한은 '흰말' 또는 '희다'라는 뜻이다.

*** 61.中孚중부괘는
[괘] 돼지고기와 물고기로 제사 지내니 길하다.
[초] 즐거우니 길하다. 그렇지 않으면 잔치가 아니다.
[이] 두루미가 나무 그늘에서 우니 다른 두루미도 따라 운
다. 내게 좋은 술이 있으니 나와 너 같이 마시며 즐기자.
[삼] 함께 장단을 치다가 잠시 쉬며 눈물짓다 노래한다.
[사] 달은 보름이 지났다. 말이 없어졌으나 허물이 없다.
[오] 천지신명이 보살피고 돌아보니, 허물이 없다.
[상] 닭 우는 소리 하늘 높이 울려 퍼진다.

62. 小過소과
군자가 부족하면 신하가 옳아야 한다

䷽

[괘]　亨 利貞 可小事 不可大事
　　　형　이정　가소사　불가대사

　　　飛鳥遺之音 不宜上宜下大吉
　　　비조유지음　불의상의하대길

제사 지내고 음복했다.
점을 쳐 천지신명께 물으니 작은 일은 가능하지만 큰일은 불가하다.
새가 날며 우는 소리를 남기는데, 위로 가면 안 되고 아래로 가야 마땅하며 크게 길하다.

遺: 남길 유
宜: 마땅할 의

[초]　飛鳥以凶
　　　비조이흉

날아가는 새가 흉한 일을 불러들인다,

[이] **過其祖 遇其妣 不及其君 遇其臣 无咎**
과 기 조 우 기 비 불 급 기 군 우 기 신 무 구

할아버지가 지나치면 할머니가 옳아야 하며,
군자가 부족하면 신하가 옳아야 한다.
허물이 없다.

遇: 합칠 우, 뜻이 맞을 우
妣: 죽은 어머니 비

> ** 논어 先進선진 편
> 過猶不及과유불급
> 지나친 것은 미치지 못함과 같다.

> ** 猶유는 마치 ~과 같다, 라는 뜻이다. 過과와 不及불급 모두
> 옳지 않은 것이다.

> ** 遇우는 만나다, 대접하다, 등의 뜻이므로 옳게 행동하다,
> 바르게 처신하다, 등으로 확장하여 해석한다.

> ** 妣비는 죽은 어머니란 뜻이지만 祖조를 할아버지로 새기
> 면 妣비를 할머니로 새기는 것이 마땅하고, 祖조와 妣비
> 를 남자 조상과 여자 조상으로 새길 수도 있다.

> ** 君군은 군자로 해석한다.

[삼] **弗過防之 從 或戕之 凶**
불 과 방 지 종 혹 장 지 흉

62. 小過소과

지나가지 못하도록 막으려 하고, 따라가서 혹시 죽이려 하니 흉하다.

防: 막을 방, 대비할 방, 방지할 방
從: 나아갈 종, 좇을 종, 따를 종
戕: 죽일 장, 무찌를 장, 상할 장

[사] **无咎 弗過遇之 往厲必戒 勿用永貞**
　　　무구　불과우지　왕려필계　물용영정

허물이 없다. 지나치면 안 되고 옳아야 한다.
나랏일을 함에 위태로우니 반드시 조심해야 한다.
긴 미래의 일을 점을 쳐 천지신명께 물을 수 없다.

戒: 방비할 계, 삼갈 계

[오] **密雲不雨 自我西郊 公弋取彼在穴**
　　　밀운불우　자아서교　공익취피재혈

짙은 구름이 끼었으나 비는 오지 않는다. 내가 서쪽 郊교에 있는데, 공이 주살을 쏘아 구덩이에 있는 짐승을 잡았다.

弋: 주살 익, 오늬에 줄을 매어 쏘는 화살 익
穴: 구멍 혈, 구덩이 혈, 소굴 혈, 오목한 곳 혈
오늬: 화살의 머리를 활시위에 끼도록 에어 낸 부분

> ** 彼피는 짐승으로 새긴다.

[상] 弗遇過之 飛鳥離之 凶 是謂災眚
불 우 과 지 비 조 이 지 흉 시 위 재 생

서로 뜻이 맞지 않아 지나가니, 새가 날아 떠나가는 듯 흉하다. 이것을 재앙이라 한다.

災: 재앙 재

眚: 재앙 생

*** 62.小過소과괘는
[괘] 새가 날며 우는 소리를 남기는데, 위로 가면 안 되고 아래로 가야 마땅하며 크게 길하다.
[초] 날아가는 새가 흉한 일을 불러들인다,
[이] 할아버지가 지나치면 할머니가 옳아야 하며, 군자가 부족하면 신하가 옳아야 한다.
[삼] 지나가지 못하도록 막으려 하고, 따라가서 혹시 죽이려 하니 흉하다.
[사] 지나치면 안 되고 옳아야 한다. 나랏일을 함에 위태로우니 반드시 조심해야 한다.
[오] 구름이 짙게 끼었으나 비는 오지 않는다. 내가 서쪽 교외에 있는데, 공이 주살을 쏘아 구덩이에 있는 짐승을 잡았다.
[상] 서로 뜻이 맞지 않아 떠나가니, 새가 날아 떠나가는 듯 흉하다.

63. 既濟기제
강을 건너며 수레가 물에 젖다

[괘]　**亨小 利貞 初吉終亂**
　　　형소　이정　초길종란

작게 제사 지내고 음복했다.
순조로이 점을 쳐 천지신명께 물으니 처음은 길하나 마지막은 어지럽다.

[초]　**曳其輪 濡其尾 无咎**
　　　예기륜　유기미　무구

수레바퀴를 끌고 강을 건너가며 수레 후미가 강물에 젖었지만 허물이 없다.

曳: 끌 예, 끌릴 예
輪: 바퀴 륜, 수레 륜

> ** 상효 효사 濡其首 属유기수 려와 연관된다.

> ** 22.賁비괘에서 濡유를 '흠치르르하다'로 새겼으나 여기서는 '물에 젖다'로 새긴다.

[이] **婦喪其茀 勿逐 七日得**
　　　부 상 기 불　물 축　칠 일 득

부인이 가발을 잃어버렸으나, 찾지 않아도 7일 이내에 얻는다.

茀: 부인의 머리치장 불

[삼] **高宗伐鬼方 三年克之 小人勿用**
　　　고 종 벌 귀 방　삼 년 극 지　소 인 물 용

고종이 귀방을 정벌하러 가서 3년 만에 이겼다. 연소자는 해당되지 않는다.

> ** 高宗고종은 은나라 왕인 武丁무정이다. 재상을 신뢰하여 정치를 맡긴 것으로 유명하다. 3년 전쟁 끝에 鬼方귀방을 정벌했다. 鬼方귀방은 은나라 서북쪽 변경에 살던 이민족이다. 方방은 나라라는 뜻이다.

> ** 小人勿用소인물용은 연소자는 논공행상에 해당되지 않는다는 뜻으로 새긴다.

> ** 7.師사괘 상효에 小人勿用소인물용이 보인다.

63. 旣濟기제

[사]　　**繻有衣袽 終日戒**
　　　　　수 유 의 여　종 일 계

고운 명주옷이 해진 옷이 되었으니 하루 종일 조심해야 한다.

繻: 고운 명주 수
袽: 해진 옷 여, 해진 헝겊 여

[오]　　**東鄰殺牛 不如西鄰之禴祭 實受其福**
　　　　동 린 살 우　불 여 서 린 지 약 제　실 수 기 복

동쪽 나라가 소를 잡아 지내는 제사가 서쪽 나라의 간소한 여름 제사보다 못하다. 실제 서쪽 나라가 그 복을 받는다.

> ** 제사에 제물로 쓰는 희생은 소가 가장 귀하다. 소를 잡아 지내는 제사는 매우 큰 제사이다. 45.萃췌괘 이효와 46.升승괘 이효에 禴약이 보이는데, 간소한 여름 제사를 뜻한다.

[상]　　**濡其首 厲**
　　　　유 기 수　려

수레 앞부분이 강물에 젖으니 위태롭다.

** 초효 曳其輪 濡其尾 无咎 예기륜 유기미 무구와 연관된다.

*** 63.旣濟기제괘는
[괘] 작게 제사 지내고 음복했다. 순조로이 점을 쳐 천지신명께 물으니 처음은 길하나 마지막은 어지럽다.
[초] 수레바퀴를 끌고 강을 건너가며 수레 후미가 강물에 젖었지만 허물이 없다.
[이] 부인이 가발을 잃어버렸으나, 찾지 않아도 7일 이내에 얻는다.
[삼] 고종이 귀방을 정벌하러 가서 3년 만에 이겼다.
[사] 고운 명주옷이 해진 옷이 되었으니 하루 종일 조심해야 한다.
[오] 동쪽 나라가 소를 잡아 지내는 제사가 서쪽 나라의 간소한 여름 제사보다 못하다. 실제 서쪽 나라가 그 복을 받는다.
[상] 수레 앞부분이 강물에 젖으니 위태롭다.

64. 未濟미제
아직 강을 건너지 못하다

䷿

[괘]　亨 小狐汔濟 濡其尾 无攸利
　　　형 소 호 흘 제　유 기 미　무 유 리

제사 지내고 음복했다.
작은 여우가 강을 거의 다 건너다가 꼬리가 강물에 젖으니 순조로운 바가 없다.

狐: 여우 호
汔: 거의 흘
濟: 건널 제

> ** 괘사는 괘의 시작이 아니고, 여섯 효를 기록한 다음 총 평이나 요약을 추가하여 기록한 것이다.

[초]　濡其尾 吝
　　　유 기 미　인

수레 후미가 강물에 젖으니 유감스럽다.

> ** 이효와 연관되어 尾미를 수레 후미로 새긴다.

[이] 曳其輪 貞吉
예 기 륜 정 길

수레바퀴를 끌며 강을 건너간다.
점을 쳐 천지신명께 물으니 길하다.

曳: 끌 예, 끌릴 예
輪: 바퀴 륜, 수레 륜

[삼] 未濟 征凶 利涉大川
미 제 정 흉 이 섭 대 천

아직 강을 건너지 못했으니 이대로 계속하면 매우 어려울 것이다.
순조로이 이나라 수도를 옮겨야 한다,

[사] 貞吉 悔亡 震用伐鬼方三年 有賞于大國
정 길 회 망 진 용 벌 귀 방 삼 년 유 상 우 대 국

점을 쳐 천지신명께 물으니 길하다. 후회할 일은 없으리라.
고종이 귀방을 정벌하는 데 3년이 걸렸으나 큰 나라에 아름다운 일이다.

64. 未濟미제

賞: 아름다울 상, 기릴 상, 숭상할 상

> ** 震진은 은나라 高宗고종이다. 鬼方귀방은 은나라 서북쪽 변경에 살던 이민족이다.

[오] 貞吉 无悔 君子之光 有孚 吉
정 길 무 회 군 자 지 광 유 부 길

점을 쳐 천지신명께 물으니 길하고 뉘우칠 일은 없다.
군자의 영광을 천지신명이 보살피니 길하다.

[상] 有孚于飮酒无咎 濡其首 有孚失是
유 부 우 음 주 무 구 유 기 수 유 부 실 시

천지신명이 보살피니 음복할 때에 허물이 없다.
수레 앞부분이 물에 젖으니, 천지신명이 보살펴 지나침이 있다면 바로잡아야 한다.

失: 지나칠 실
是: 바를 시

** 飮酒음주는 제사 지내고 음복하는 것으로 새긴다. 은나라 주왕이 술과 여자에 빠져 멸망했으므로, 주나라는 엄격히 술을 금하여 제사 지낼 때만 술을 마시게 하였다.

** 失실은 62.小過소과괘 이효의 過과 또는 不及불급과 비슷한 뜻으로 새긴다.

*** 64.未濟미제괘는
[괘] 제사 지내고 음복했다.
　　작은 여우가 물을 거의 다 건너다가 꼬리가 물에 젖으니 순조로운 바가 없다.
[초] 수레 후미가 강물에 젖으니 유감스럽다.
[이] 수레바퀴를 끌며 나아간다. 점을 쳐 천지신명께 물으니 길하다.
[삼] 아직 강을 건너지 못했으니 이대로 계속하면 매우 어려울 것이다. 순조로이 이나라 수도를 옮겨야 한다,
[사] 점을 쳐 천지신명께 물으니 길하다.
　　고종이 귀방을 정벌하는 데 3년이 걸렸으나 큰 나라에 아름다운 일이다.
[오] 점을 쳐 천지신명께 물으니 길하고 뉘우칠 일은 없다. 군자의 영광을 천지신명이 보살피니 길하다.
[상] 천지신명이 보살피니 음복할 때에 허물이 없다. 수레 앞부분이 물에 젖으니, 천지신명이 보살펴 지나침이 있다면 바로잡아야 한다.

후기

필자가 주역을 읽기 시작한 것이 1997년경이다. 역경과 역전을 함께 수록한 책을 여러 번 읽어 보았으나 무슨 뜻인지 이해하기 어려웠다. 또한 괘 이름의 기존 개념에 젖어 있었으니 원래의 의미가 마음에 와닿지 않았다. 주역은 원문인 역경의 뜻보다 설명하는 역전의 내용이 더 어려운 경우가 대부분이다.

주역을 해석하거나 옮긴 책을 보면, 역전이 이렇게 설명하고 있으니, 역경의 뜻이 그러하다고 써 놓은 내용을 자주 보게 된다. 역전은 역경이 기록되고 대략 7백 년 이후에 작성된 것이다. 역전을 들어 역경을 해석하고자 하는 시도를 비유하자면, '할아버지가 손자를 닮았다'고 하는 것과 같다.

최근 역경만을 다시 읽기 시작하면서부터 약간의 진전이 있었다.

1) 역경이 현대를 살아가는 우리에게 어떤 교훈을 준다고 보기는 어렵다. 역경은 지금으로부터 3천 년 전에 기록된 글이다. 역경이 현대를 사는 우리에게 교훈을 준다는 주장은 견강부회이거나 이른바 '저급한 현대화'이다. 역경이 사마천의 사기와 다른 점이기도 하다. 역경은 처음 기록한 사람의 의도를 생각하며 있는 그대로 읽어야 한다.

2) 역경의 괘와 일부 구절의 순서가 후대에 바뀌어 새로이 편집된 것이 분명하다. 그 한 예로, 마왕퇴 백서 주역 괘 순서가 현재 통용본과 다르다.

3) 역경은 시경, 서경, 주례와 함께 읽어야 한다. 거의 같은 시대에 기록되었기 때문이다.

4) 역전이 있어서 기나긴 시간 주역이 깊고 넓게 연구되는 계기가 되어 장엄한 문화가 만개했지만, 역전 없이 역경 구절만으로 원작자의 뜻을 탐구해 나가는 것도 의미 있는 일이라고 생각한다. 음효, 양효와 그 효의 위치를 따지지 않고 한 글자 한 구절의 뜻과 괘의 주제를 연구하는 것도 주역의 원래 모습에 가까이 다가가는 길이라고 생각한다.

그리고 중요한 몇 가지만 요약하면,

가. 1.乾건괘는 군자의 일생을 기록한 것이 아니다. 누군가의 영웅적 삶을 몇 줄로 매우 짧게 기록한다고 가정해 보자. 생각이 먼저고 글은 나중이다. 사효의 或躍在淵혹약재연이 군자의 업적을 표현하는 기록으로 과연 가능했을까? 강태공이 위수에서 낚시를 할 때 문왕이 맞으러 간 모습을 기록했다고 보기에도 어색하다.

나. 15.謙겸괘는 謙遜겸손과는 거리가 멀다. 공경하다, 추모하다로 풀어야 하고, 겸손하다는 뜻으로 풀면 이 괘의 해석은 방향을 잃게 된다.

다. 17.隨수괘와 52.艮간괘는 죄인을 뒤쫓아 마침내 붙잡은 기록이다.

라. 23.剝박괘의 剝박을 깎다, 벗기다로 새기는 것은 어색하다. 두드리다는 뜻으로 해석해야 하며, 그래야 이 괘 상효도 매끄럽게 해석할 수 있다.

마. 42.益익괘와 59.渙환괘의 주제는 수도를 옮기는 것이다. 利涉大川이섭대천은 '순조로이 이나라 수도를 옮긴다'는 뜻이다. 모두 괘사에 利涉大川이섭대천이 보인다.

바. 56.旅여괘의 주제와 인물은 나그네가 아니다. 5백 명의 군대를 뜻하는 旅여로 해석해야 한다.

서문에서 밝힌 바와 같이, 주역의 본래 모습을 알고자 할 때 이 책이 작은 도움이 되었으면 하는 마음뿐이다.

주요 중복 출전 찾아보기

臀无膚 其行次且	둔무부 기행차저	43.夬쾌 [사] 44.姤후 [삼]
眇能視	묘능시	10.履이 [삼] 54.歸妹귀매 [이]
无咎无譽	무구무예	2.坤곤 [사] 28.大過대과 [오]
武人	무인	10.履이 [삼] 57.巽손 [초]
密雲不雨 自我西郊	밀운불우 자아서교	9.小畜소축 [괘] 62.小過소과 [오]
拔茅茹以其彙	발모여이기휘	11.泰태 [초] 12.否비 [초]
孚乃利用禴	부내리용약	45.萃췌 [이] 46.升승 [이]
不富以其鄰	불부이기린	11.泰태 [사] 15.謙겸 [오]
匪寇婚媾	비구혼구	3.屯준 [이] 22.賁비 [사]

310

		38.睽규 [상]
噬膚	서부	21.噬嗑서합 [이]
		38.睽규 [오]
小人勿用	소인물용	7.師사 [상]
		63.旣濟기제 [삼]
曳其輪	예기륜	63.旣濟기제 [초]
		64.未濟미제 [이]
用拯馬壯 吉	용증마장 길	36.明夷명이 [이]
		59.渙환 [초]
月幾望	월기망	9.小畜소축 [상]
		54.歸妹귀매 [오]
		61.中孚중부 [사]
濡其尾	유기미	63.旣濟기제 [초]
		64.未濟미제 [괘] [초]
幽人	유인	10.履이 [이]
		54.歸妹귀매 [이]
利建侯	이건후	3.屯준 [괘] [초]
		16.豫예 [괘]
利涉大川	이섭대천	5.需수 [괘]
		13.同人동인 [괘]
		18.蠱고 [괘]
		26.大畜대축 [괘]

311

		27.頤이 [상]
		42.益익 [괘]
		59.渙환 [괘]
		61.中孚중부 [괘]
		64.未濟미제 [삼]
帝乙歸妹	제을귀매	11.泰태 [오]
		54.歸妹귀매 [오]
致寇至	치구지	5.需수 [삼]
		40.解해 [삼]
跛能履	파능리	10.履이 [삼]
		54.歸妹귀매 [초]
含章	함장	2.坤곤 [삼]
		44.姤후 [오]
血去	혈거	9.小畜소축 [사]
		59.渙환 [상]
或益之十朋之龜 弗克違	혹익지십붕지귀 불극위	41.損손 [오]
		42.益익 [이]
或從王事 无成	혹종왕사 무성	2.坤곤 [삼]
		6.訟송 [삼]
黃牛之革	황우지혁	33.遯둔 [이]
		49.革혁 [초]

참고 서적

가이즈카 시게키·이토 미치마루 지음, 배진영·임대희 옮김, 2011, 중국의 역사 선진시대, 혜안

강병국, 2018, 주역독해 상·하, 위즈덤하우스

고형·이경지·용조조 지음, 김상섭 편역, 2009, 주역점의 이해, 지호

김경탁 역저, 1984, 신완역 주역, 명문당

김상섭, 2006, 내 눈으로 읽은 주역 역경편, 지호

김상섭, 2012, 마왕퇴 출토 백서주역(상) 역경편, 비봉출판사

김상섭, 2020, 고사 주역, 성균관대학교 출판부

김승호, 2015, 새벽에 혼자 읽는 주역 인문학, 다산북스

김진희, 2013, 알기 쉬운 상수역학, 보고사

김학주, 2010, 새로 옮긴 시경, 명문당

김학주, 2012, 새로 옮긴 서경, 명문당

김혁제·김성원 편저, 1987, 명문한한대자전, 명문당

남성원 역해, 1987, 주역, 청목문화사

남회근 지음, 신원봉 옮김, 2013, 역경잡설, 부키

노태준 역해, 1978, 신역 주역, 홍신문화사

리링 저, 차영익 옮김, 2016, 리링의 주역강의, 글항아리

사마천 본문, 배인 주석, 2020, 신주사기 은본기 주본기, 한가람역사문화연구소

서정화 지음, 2017, 주나라의 궁 종묘와 명당, 한국학술정보

신영자 지음, 2011, 갑골문의 비밀, 도서출판 문

쑨지 지음, 홍승직 옮김, 2017, 중국 물질문화사, 알마출판사

양자오 지음, 김택규 옮김, 2021, 상서를 읽다, 유유

왕필 지음, 임채유 옮김, 2000, 주역 왕필 주, 도서출판 길

왕휘 저, 곽노봉 역, 2013, 상주금문 상·하, 학고방

위중 지음, 이은호 옮김, 2013, 상서 깊이 읽기, 글항아리

이기동 역해, 2011, 삶이 행복해지는 지혜 주역, 동인서원

이세동 옮김, 2020, 서경, 을유문화사

이준영, 2020, 주례, 도서출판 자유문고

이창일, 2011, 주역 인간의 법칙, 위즈덤하우스

장시앙핑 지음, 박정철 옮김, 2007, 역과 인류사유, 이학사

장옥금 원저, 최남규·원효붕·서진현 편저, 2020, 갑골문의 어법적 이해, 신아사

장지청 지음, 오수현 옮김, 2018, 주역 완전해석 상 하, 판미동

장철환 편저, 2017, 중국 고대사, 북랩

정상홍 옮김, 2014, 시경, 을유문화사

주백곤 외 지음, 김학권 옮김, 1999, 주역산책, 예문서원

주싱 풀어씀, 고광민 옮김, 2013, 그림으로 풀어쓴 역경, 김영사

최완식 역해, 1989, 주역, 혜원출판사

최완식·김영구·이영주 공저, 1999, 한문독해법, 명문당

한수산·김유하·강인갑 공저, 2018, 하룻밤에 깨닫는 주역, 삶과지식

허진웅 저, 하영삼·김화영 역, 2021, 유래를 품은 한자 01·05, 도서출판 3

황태연 지음, 2019, 실증주역 상·하, 청계